云岭旅游规划丛书

曼飞龙白塔旅游区开发研究

Research on the Development of Tourist area Manfeilong white tower

钟　晖　吴信值　等著

中国旅游出版社

序　言

2015年年底，为做好《曼飞龙白塔旅游区总体规划（2017—2021年）》项目编制工作，云南大学和昆明理工大学联合成立了由旅游管理、建筑规划、景观设计等专业的专家学者、博士生、硕士生组成的研究团队。经团队各成员共同努力，该规划历时整整一年，于2016年年底顺利完成。作为规划区域的核心景点，曼飞龙白塔是一座有着800余年历史的南传佛教宝塔，也是西双版纳州为数不多的全国重点文物保护单位之一。在严格遵循“保护第一，开发第二”基本原则的前提条件下，深入挖掘相关宗教、民族文化内涵并适当注入旅游项目，成为该规划编制成功的关键。为此，团队首先分五个小组对南传佛教的历史文化、佛塔文化、哲学思想以及傣族的传统文化、非物质文化遗产等进行深入研究。以此为基础，再结合当地发展条件、资源优势以及旅游市场发展态势，团队围绕开发定位、空间布局、旅游项目、旅游设施、基础设施、实施保障等各方面进行精心策划与设计，最终形成总体规划、专题研究、规划图集、规划视频四项成果。该规划最大亮点是本团队首次尝试将手绘图纸设计全面引入旅游规划中，并产生了令人意想不到的良好效果。现集册出版，既是对前一年研究工作的纪念，也是与业界同行分享研究心得。书中存在不足与幼稚之处，还望同行专家不吝赐教。

田里

2018.7

研究人员

顾　问	田　里	云南大学工商管理与旅游管理学院	博导、教　授
组　长：	钟　晖	昆明理工大学艺术与传媒学院	博士、讲　师
副组长	吴信值	云南大学工商管理与旅游管理学院	博士、副教授
成　员	王　桀	云南大学工商管理与旅游管理学院	博士、副教授
	杨　懿	云南大学工商管理与旅游管理学院	博士、副教授
	张鹏杨	云南大学工商管理与旅游管理学院	博士、讲　师
	陈永涛	云南大学工商管理与旅游管理学院	博士
	唐夕汐	云南大学工商管理与旅游管理学院	博士
	柯又萌	云南大学工商管理与旅游管理学院	博士
	方佩玉	云南大学工商管理与旅游管理学院	博士
	田　媛	云南大学工商管理与旅游管理学院	硕士
	席婷婷	云南大学工商管理与旅游管理学院	硕士
	彭　芸	云南大学工商管理与旅游管理学院	硕士
	隋普海	云南大学工商管理与旅游管理学院	硕士
	李秋艳	云南大学工商管理与旅游管理学院	硕士
	邓　芸	昆明理工大学艺术与传媒学院	硕士
	白　杰	昆明理工大学艺术与传媒学院	硕士
	邓玲霞	昆明理工大学艺术与传媒学院	硕士
	魏楠澜	昆明理工大学艺术与传媒学院	硕士

第一部分　主题报告

第二部分　专题报告

第一部分　主题报告

一、规划总则

（一）规划背景

1. 国际旅游持续升温，文化资源变优势

从全球视角来看，自 2009 年金融危机结束后，从 2010 年开始国际旅游业已连续七年保持稳定的增长速度。根据联合国世界旅游组织（UNWTO）发布的《世界旅游晴雨表》，2016 年国际游客数量达 12.35 亿人次，同比增长 3.9%，预计未来一年还将在全球范围内延续这一良好的增长势头。在国际旅游持续升温的背后，各国政府纷纷将国际旅游业努力打造成优势产业、支柱产业，甚至是核心产业。另外，调查显示，文化动机是国际旅游者出行的重要驱动力。随着游客审美意识和文化素养的不断提高，走马观花式的传统观光游日渐势衰，而深度文化游、历史追溯游、寻根探秘游、名人故居游等历史文化旅游产品越来越受到人们的青睐。于是，以宗教信仰、民族文化、社会习俗等为表现形式的地方特色文化正由资源优势逐渐转化为发展国际旅游的产业优势。

2. 国内旅游逆势增长，文化产业成推力

近几年来，我国经济下行压力加大，正步入从高速增长转为中高速增长的“新常态”。在巨大的消费市场推动和宏观政策引领下，旅游产业已成为新常态下中国经济新的增长点。2016 年，中国旅游业继续保持喜人的发展势头：国内旅游人数达 44.4 亿人次，同比增长 11.0%；入出境旅游人数达 2.6 亿人次，同比增长 3.9%；全年实现旅游总收入 4.69 万亿元，同比增长 13.6%。当然，国内旅游业的迅猛发展，离不开文化产业的大力支持。文化产业与旅游产业是现代服务业中两个极具发展潜力的产业门类，两者的内涵外延、功能作用有着明显差异，但同时又具有不可分割的联系，具有天然的耦合性。文化是旅游的灵魂，旅游是文化的载体；文化提升旅游内涵，旅游实现文化价值。文化产业与旅游产业可以在融合发展中达到互促共赢，产生叠加放大效应。通过产业融合，文化产业在国内旅游逆势增长背后起着重要的助推作用。

3. 云南旅游强省战略，文化项目是引擎

云南旅游业起步于“七五”时期，发展于“八五”时期，成熟于“九五”时期。经过 30 年的发展，云南已成为一个名副其实的旅游大省。但近年来，云南旅游业正逐渐被西部其他省区赶超，旅游产业面临由旅游大省向旅游强省转变的巨大压力。面对周边省区的激烈竞争，通过旅游项目带动作用使旅游产业提档增质，已成为云南省旅游发展的必然选择。当前，云南正处于一个新的历史起点上。在重视开发自然资源和现实自然资源价值的同时，云南必须大力挖掘文化资源，打造文化旅游项目，聚合成更强大的推动力，才可能实现由旅游大省向旅游强省迈进的宏伟目标。正因为如此，2012 年云南省提出建设十大历史文化旅游项目构想，并于 2013 年正式部署。西双版纳的南传佛教历史文化旅游项目成为其中之一，也由此掀起了西双版纳文化旅游项目建设的热潮。

4. 西双版纳旅游转型升级，文化要素为动力

依托优良的生态环境与多姿多彩的民族风情，西双版纳早在 20 世纪 80 年代初就已蜚声国内外，成为云南省第一代最具代表性的旅游目的地之一。但近年来，西双版纳在云南旅游版图中的地位逐步被丽江、大理等市州赶超。从 2016 年云南省各州市所公布的旅游经济指标完成情况来看，在游客接待总量方面，西双版纳跟排在前面的昆明、大理、红河、丽江相比还存在较大差距，也落后于玉溪和楚雄；在旅游总收入方面，则排在昆明、丽江和大理之后（见表 1.1.1）。目前，到西双版纳来旅游的游客还是以观光游为主，停留时间较短、消费水平偏低，在进一步发展上面临着转型升级的巨大压力。为此，西双版纳必须紧抓首批“国家全域旅游示范区”这一重要契机，充分挖掘本地区的民族、宗教等人文资源优势，将文化元素融入旅游发展中，以此来促进旅游业在旅游产品、旅游业态、旅游市场等各方面的转型升级。

表 1.1.1　2016 年云南省部分州市旅游经济指标完成情况

州市	游客总数（万人次）	州市	旅游总收入（亿元）
昆明市	10113.61	昆明市	1073.53
大理州	3859.18	丽江市	608.76

续表

州市	游客总数（万人次）	州市	旅游总收入（亿元）
红河州	3535.26	大理州	534.58
丽江市	3519.91	西双版纳州	420.28
玉溪市	2711.20	红河州	274.61
楚雄州	2539.44	楚雄州	178.18
西双版纳州	2519.95	玉溪市	162.90

注：此表根据各州市公布数据，选择 2016 年游客接待量排名靠前的部分州市进行比较。

（二）规划目的

1. 打造云南又一张文化旅游名片

依托优越的区位优势和丰富的旅游资源，近几年来云南致力于建设旅游经济强省和中国一流、世界知名的旅游目的地。2016 年，云南省委、省政府印发了《云南省旅游产业转型升级三年（2016—2018 年）行动计划》。该行动计划提出到 2018 年要全面提升云南省旅游产业对外开放和国际化水平。作为一个有着超过 800 年历史的全国重点文物保护单位，曼飞龙白塔无疑是西双版纳南传佛教文化的典型代表。它不仅在西双版纳地区有着深远意义，甚至对缅甸、泰国、老挝等国家的南传佛教信徒也产生重要的影响。每年东南亚的僧徒们要长途跋涉到此朝拜，以表达对佛祖的崇拜和敬仰。为此，凭借这一盛名，可通过合理的规划建设，把曼飞龙白塔旅游区打造成为云南省面向东南亚、南亚的又一张文化旅游名片。

2. 打造西双版纳旅游发展新的支撑点

得天独厚的自然环境、绚丽多姿的民族风俗、独特而优越的区位优势，为西双版纳旅游业的发展奠定了良好基础。目前，西双版纳已经成功打造一大批知名度较高的旅游景区，包括野象谷、原始森林公园、傣族园、热带植物园、望天树等。但这些成熟的旅游景区大多位于西双版纳旅游东环线上，旅游发展逐渐趋于饱和。西双版纳旅游业进一步腾飞需要依靠旅游西线的大力发展，因而开拓旅游西线势在必行。依托资源和区位优势，把曼飞龙白塔旅游区打造成旅游西环线上的支撑性景区，再通过与东风农场、知青文化园、勐龙旅游小镇、勐龙黑塔、百丈崖瀑布、打洛旅游小镇等其他旅游区联动发展，构建全新的西双版纳旅游西环线，为西双版纳州旅游产业发展添增新动力。

3. 打造勐龙旅游开发的重要引擎

勐龙镇位于西双版纳州景洪市西南部，与缅甸国土接壤，是内地通往东南亚各国最为便捷的陆路通道和景洪市的边境旅游前沿重镇。勐龙镇旅游资源丰富，涵盖了自然生态、民族风情、宗教信仰等多种类型，适宜发展生态观光、温泉疗养、宗教朝觐、民俗体验、边贸购物等旅游产品。但从目前的情况来看，勐龙镇的旅游开发还存在诸多问题，如旅游资源开发力度不足、旅游基础设施不够完善、旅游产品吸引力不强、旅游品牌效应尚未形成等。在这种情况下，以大项目为抓手，充分发挥项目的支撑带动作用，把勐龙镇最具优势的旅游资源即曼飞龙白塔作为核心项目进行重点打造，以此来引领全镇旅游业的全面发展。

（三）规划范围

规划范围为西双版纳州景洪市勐龙镇曼龙扣村委会曼飞龙村，东到景大公路，南（偏西方向）至景洪市第二中学，西抵香蕉岭，北达曼飞龙山顶，规划总面积 73.85 公顷，即 1107.75 亩。

（四）规划期限

本规划规划年限为 5 年，分为两期：一期（2017—2019 年）为建设提升期；二期（2020—2021 年）为建设完善期。

（五）规划原则

1. 文化挖掘，体验塑造原则

规划需要以南传佛教文化为主题，以南传佛塔文化为核心，深入挖掘其中的文化内涵；根据南传佛教文化主线进行项目策划，根据佛教审美特征进行景观塑造，根据旅游承载力确定旅游设施密度，根据旅游需求动机进行精准营销，使旅游者在文化欣赏、人群交往、行为互动与购物消费等活动中体验博大精深的南传佛教文化。

2. 统一布局，统筹安排原则

规划需要以系统思维为指导，在基础条件分析、旅游资源分析、旅游市场分析的基础上，对旅游功能分区、旅游项目设计、旅游要素配置进行统一布局、统筹安排；旅游活动和项目要涵盖旅游者的基础需要、提高需要、享受需要等不同层次的需求；在建设时间安排上，分期分步有序推进。

3. 社区参与，全域发展原则

规划需要以可持续发展为目标，不断提升社区参与旅游发展的意识，扩大旅游对社会、经济、文化的关联带动作用；调动社区参与旅游开发的积极性，充分尊重社区居民对旅游建设的知情权、参与权、管理权；发挥旅游业对社会经济相关产业的引爆器作用，做到全员参与、全域资源、全程设计、全业联动，带动地方全面发展。

4. 资源保护，科学开发原则

规划需要以保护自然环境、人文资源为前提，综合考虑旅游活动扰动效应，进行科学开发建设，使旅游负效应降到最低；严格保护旅游区内山川、河流、大气、土壤、植被等自然生态系统以及宗教、民族文化景观，协调好开发与保护的关系；应用观测站、空间地理、调查探勘等设施、技术手段，收集、分析旅游开发对自然环境、民族文化、宗教信仰等各方面的影响，从而提出针对性保护措施。

（六）规划依据

1. 法律法规

《中华人民共和国土地管理法》（2004 年 8 月 28 日第十届全国人民代表大会常务委员会第十一次会议修正）；

《中华人民共和国森林法》（1998 年 4 月 29 日第九届全国人民代表大会常务委员会第二次会议修正）；

《中华人民共和国环境保护法》（1989 年 12 月 26 日第七届全国人民代表大会常务委员会第十一次会议通过）；

《中华人民共和国城乡规划法》（2007 年 10 月 28 日中华人民共和国第十届全国人民代表大会常务委员会第三十次会议通过）；

《中华人民共和国水土保持法》（1991 年 6 月 29 日第七届全国人民代表大会常务委员会第二十次会议通过）；

《中华人民共和国水法》（2002 年 8 月 29 日第九届全国人民代表大会常务委员会第二十九次会议修订通过）；

《中华人民共和国水污染防治法》（2008 年 2 月 28 日第十届全国人民代表大会常务委员会第三十二次会议进行第二次修订通过）；

《中华人民共和国野生动物保护法》（1988 年 11 月 8 日第七届全国人大常委会第四次会议修订通过）；

《中华人民共和国文物保护法》（2015 年 4 月 24 日第十二届全国人民代表

大会常务委员会第十四次会议修正）；

《宗教事务条例》（2004 年 7 月 7 日国务院第五十七次常务会议通过，2005 年 3 月 1 日起施行）；

《基本农田保护条例》（1998 年 12 月 24 日国务院第十二次常务会议通过）；

《水土保持生态环境监测网络管理办法》（2000 年 2 月 19 日中华人民共和国水利部颁布并实施）；

《中华人民共和国旅游法》（2013 年 4 月 25 日第十二届全国人大常委会第二次会议通过）；

《历史文化名城名镇名村保护条例》（2008 年 4 月 2 日国务院第三次常务会议通过，2008 年 7 月 1 日施行）；

《云南省环境保护条例》（1992 年云南省第七届人民代表大会常务委员会第二十七次会议通过）；

《云南省旅游条例》（2005 年云南省第十届人大常务委员会第十六次会议通过）；

《云南省历史文化名城名镇名村名街保护条例》（2007 年云南省第十届人民代表大会常务委员会第三十二次会议审议通过，2008 年 1 月 1 日施行）；

《云南省宗教事务规定》（2016 年 1 月 6 日云南省人民政府第七十八次常务会议通过，2016 年 7 月 1 日起施行）；

《云南省西双版纳傣族自治州旅游条例》（2002 年 7 月 1 日西双版纳傣族自治州第十届人民代表大会第一次会议通过，2009 年 2 月 27 日西双版纳傣族自治州第十一届人民代表大会第四次会议修订）；

《云南省西双版纳傣族自治州民族传统建筑保护条例》（2008 年 7 月 30 日西双版纳傣族自治州人民代表大会常务委员会公布，2008 年 8 月 1 日施行）。

2. 标准规范

《旅游规划通则》（2003 年 2 月 24 日国家质量监督检验检疫总局发布，2003 年 5 月 1 日实施）；

《旅游资源分类、调查与评价》（GB/T 18972—2003）（2003 年 2 月 24 日国家质量监督检验检疫总局发布，2003 年 5 月 1 日实施）；

《旅游区（点）质量等级的划分与评定》（修订）（GB/T 17775—2003）；

《风景名胜区规划规范》（GB 50298—1999）（1999 年 11 月 10 日国家质量技术监督局和建设部联合发布，2001 年 1 月 1 日实施）；

《地面水环境质量标准》（GB 3838—2002）（2002 年 4 月 26 日国家环境

保护总局批准，2002 年 6 月 1 日实施）；

《环境空气质量标准》（GB 3095—1996）（1996 年 10 月 1 日国家环境保护总局批准，自批准之日起实施）；

《旅游厕所质量等级的划分与评定》（GB/T 18973—2016）（2016 年 8 月 29 日国家质量监督检验检疫总局发布，2016 年 8 月 29 日实施）；

《饮用水水源保护区划分技术规范》（2007 年 2 月 1 日国家环保总局发布，2007 年 2 月 1 日起实施）；

《住宅设计规范》GB 50096—2011（2011 年 7 月 26 日住房和城乡建设部公布，2011 年 8 月 1 日生效）；

《建筑抗震设计规范》GB 50011—2010（2010 年 5 月 31 日建设部发布，2010 年 12 月 1 日实施）。

3. 政府文件

《“十三五”旅游业发展规划》（国务院，2016 年）；

《云南省旅游发展总体规划》（世界旅游组织、云南省人民政府，2000 年）；

《云南旅游产业“十三五”发展规划》（云南省旅游发展委员会，2016 年）；

《云南省旅游文化产业发展规划（2016—2020 年）》（云南省旅游发展委员会，2016 年）；

《云南省旅游文化产业发展规划实施方案（2016—2020 年）》（云南省旅游发展委员会，2016 年）；

《西双版纳州“十三五”规划纲要》（西双版纳州人民政府，2016 年）；

《西双版纳州“十三五”脱贫攻坚规划（2016—2020 年）》（西双版纳州人民政府，2016 年）；

《西双版纳州“十三五”旅游产业发展规划》（西双版纳州旅游发展委员会，2016 年）；

《景洪市国民经济和社会发展第十二个五年规划纲要》（景洪市人民政府，2011 年）；

《景洪市住房和城乡建设事业“十三五”规划》（景洪市住房和城乡建设局，2016 年）；

《景洪市“十三五”林业发展规划》（景洪市林业局，2016 年）；

《景洪市勐龙镇城镇总体规划修编（2009—2030）》（勐龙镇人民政府，2009 年）；

《曼飞龙村传统村落保护发展规划（2014—2030）》（云南省城乡规划设计研究院，2014 年）；

《曼飞龙村省级示范村村寨规划（2015—2030）》（云南省城乡规划设计研究院，2015 年）。

（七）规划衔接

1.《云南省旅游文化产业发展规划（2016—2020 年）》

该规划提出三个方面的发展方向：一是坚持以国际化发展为方向，充分发挥云南省资源环境、区位交通等优势，加强与东南亚、南亚国家的交流与合作，提升旅游文化产业国际化水平；二是坚持以高端化发展为方向，引导旅游文化企业研发精品度假、康体养生、深度体验等定制旅游产品，着力构建高端旅游文化产品体系；三是坚持以特色化发展为方向，要突出云南省多元历史文化、绚丽民族文化的鲜明特色，着重开发一批具有地方文化、民族文化特色的旅游文化产品。

2.《西双版纳州“十三五”规划纲要》

该规划提出培育壮大特色生物、文化旅游、加工制造、健康养生、现代服务五大生态经济产业，打造西双版纳特色产业升级版。在打造旅游文化产业方面，提出以下三条措施：一是推进旅游产品转型升级，推动旅游重大项目建设，精心打造南传上座部佛教文化旅游精品；二是提升旅游文化发展水平，不断提升西双版纳品牌形象；三是开发旅游文化产品，加快文化和旅游深度融合。

3.《景洪市勐龙镇城镇总体规划修编（2009—2030）》

该规划对勐龙镇旅游发展定位为：以南传佛教文化体验为品牌，以知青文化体验结合休闲度假、边境旅游为主，辅以民俗文化体验、农家乐、特色饮食文化、热带自然环境体验等旅游业态。该规划确定了曼飞龙白塔景区、曼飞龙民俗宗教旅游村等六大重点项目。其中，针对曼飞龙白塔景区规划建设，提出应该走精品路线，并保持宗教场所庄严穆的氛围；针对曼飞龙村，提出建设成一个典型的傣家村落，让整个曼飞龙村从传统的农业生产向旅游服务转变。

4.《曼飞龙村传统村落保护发展规划（2014—2030）》

该规划将曼飞龙村的发展定位为：以浓郁的民俗文化、特色傣族干栏式民居和南传佛教建筑文化以及优越的自然环境为载体，发展特色农业及旅游产业。该规划将曼飞龙村落划分为以下四个等级的保护区：一级核心保护区，是指代表曼飞龙形象、需要重点保护的范围，包括曼飞龙白塔和缅寺及其附属建筑环境区域；二级核心保护区，是指体现曼飞龙傣族村寨整体特色环境，具有较高历史文化价值的区域；建设控制地带，是指对核心保护区影响较大的建设区域，包括曼飞龙白塔外围的控制区域（控制在高程 715 米以上的地带）和曼飞龙主体村寨的核心保护区外扩 30 米，以及其他需要建设的区域；环境协调区，是核心保护区与建设控制地带外围对村落环境有一定影响的区域，具体为曼飞龙村东、西两侧的山体以及南面一定范围的农田区域。

5.《曼飞龙村省级示范村村寨规划（2015—2030）》

该规划将曼飞龙村的发展定位为：小康文明，设施齐全，环境整洁的农村居住社区；集观光旅游、农耕体验、餐饮住宿于一身，包括了民族餐饮、农家乐等功能，富有特色的新型生态农村。据此，该规划提出，依托国家级文物保护单位曼飞龙白塔的名牌效应，采取周边旅游联动的策略，打造傣族文化旅游项目，大力发展产村融合、村旅一体的乡村旅游业。

二、发展条件

（一）区位条件

1. 地理区位

（1）景洪市地理区位

景洪市是西双版纳傣族自治州的首府，地处云南省南端，西双版纳中部，北与普洱市交界，东北与普洱市江城县相邻，东、西两边分别与西双版纳的勐腊、勐海县相接，南与缅甸国接壤。

（2）勐龙镇地理区位

勐龙镇位于景洪市西南端，地处东经 100°25′57" ~ 100°49′12"，北纬 21°27′55" ~ 21°41′45″，距景洪市市区 60 余公里，北面与景洪市嘎洒镇接壤，西北面与勐海县布朗山布朗族乡山水相连，东南与缅甸掸邦第四特区南板县毗邻。

（3）旅游区地理区位

曼飞龙白塔旅游区位于勐龙镇北部的曼飞龙村，隶属于勐龙镇曼龙扣村委会，地处东经 100°33′，北纬 21°30′，距离曼龙扣村委会 3 公里，紧连勐龙镇中心，距离景洪市区 60 公里。

2. 交通区位

（1）外部交通通达，1 小时辐射圈内

曼飞龙白塔旅游区紧连勐龙镇中心，距离景洪市区 60 公里，外部有景大（景洪—大勐龙）公路自村口穿过，从旅游景区到景洪市区不到一个小时车程，在景洪市一小时交通辐射圈内；旅游区距离中缅 240 边民互市点约 16 公里，区内有乡道直接相连。总的来说，曼飞龙白塔旅游区外部交通比较畅通，公路等级相对较高。

（2）内部交通较好，有待进一步完善

旅游区现已初步开发了白塔游览区和傣寨游览区，这两个片区的道路主要是硬化水泥路面，路况较好。但菩提游览区、雨林游览区和美女井景区尚未进行旅游开发，内部道路多为泥土小道，有待进一步修整完善。

3. 旅游区位

（1）勐龙镇旅游支撑点

农业、加工业是勐龙镇的传统支柱型产业，在勐龙镇经济发展中占据重要地位。但近几年来，随着经济发展形势发展改变，勐龙镇开始依托其旅游资源优势大力发展旅游业。在此背景下，有必要将曼飞龙白塔旅游区规划建设成为勐龙镇旅游业发展的先行者，以此带动周边勐龙黑塔、百丈崖瀑布等景区景点开发，从而为整个勐龙镇旅游业发展提供有力支撑。

（2）西环线上重要节点

西双版纳西环线是指景洪—大勐龙—打洛—勐海—景洪这条旅游线路，曼飞龙白塔旅游区则是这一旅游环线上的重要节点。依托曼飞龙白塔、特色傣族村寨、热带雨林等丰富而优良的旅游资源，通过精心打造，曼飞龙白塔旅游区有望成为西环线上的亮点。

（3）中缅边境旅游城镇

景洪市南部与缅甸国接壤，国境线长 112.39 公里，属于中缅边境著名的旅游城市；曼飞龙白塔旅游区所在地勐龙镇东南部与缅甸掸邦第四特区南板县毗邻，距离中缅 240 边民互市点仅 16 公里。特殊的旅游区位，有利于将曼飞龙白塔旅游区的客源市场开拓至缅甸、老挝等邻近国家。

（二）自然条件

1. 地形地貌

勐龙镇地处怒山山地，地形呈角形分布，中部、东部为勐龙坝子，坝子南、西、北三面均被高山环绕。全镇海拔最高点为南勒各梅山（2196 米），最低点为南阿河出口（485 米），海拔高差达 1711 米。镇内土壤主要为红壤土、赤红土；岩石多为千枚岩、花岗岩和砂页岩。

曼飞龙白塔旅游区规划范围内的地形地貌较为复杂，从西北到东南大致可分成山地（西北部）、坝子（东南部）两种类型，其中山地有茂密的雨林覆盖，坝子则分布着村寨和农田（见表 1.2.1）。

表 1.2.1　曼飞龙白塔旅游区地形地貌

位置	地貌类型	地貌特征
西北部	山地	地势较高，有茂密雨林覆盖
东南部	坝子	地势低平，分布着村寨、农田

2. 气候条件

曼飞龙白塔旅游区地处云贵高原西南部低纬季风区，由于受东南季风、地形地貌等因素的影响，形成了热带季风性湿润气候类型。该气候类型的特点是日照充足，雨量充沛，干湿季分明，年平均气温在 21℃左右，终年无霜雪。从气温来看，1 月平均气温普遍在 10℃以上，7 月平均气温一般为 25℃左右；从风向来看，冬夏风向有明显变化，夏季受东南季风影响，冬季受东北季风控制；从降水量来看，全年降水量一般在 1000 毫米以上，降水又主要集中在夏季，冬春降水相对较少；从日照时间来看，全年日照在 1700 小时以上。

3. 生态系统

得益于温暖、湿润的气候条件和良好的自然生态环境，曼飞龙白塔旅游区拥有丰富的动植物资源。其中，植物资源以经济林和用材林为主，包括橡胶林、香蕉林、竹林等；动物资源主要有野猪、野兔、蛇等。

（三）人文条件

1. 历史沿革

旅游区所在的勐龙镇具有悠久的历史。据《勐奔》等书记载，勐龙镇古时候称为“勐阿底嘎麻腊它”，意为“自由生产生活的地方”。1326 年，置“勐隆路”；1570 年，称为版纳勐龙；1929 年，设立勐龙区，隶属车里县；1958 年，设立勐龙区，隶属西双版纳傣族自治州景洪县；1969 年，撤销勐龙区，设立勐龙公社；1984 年，撤销勐龙公社，设立勐龙区；1988 年，撤销勐龙区公所，设立勐龙乡；1989年，撤销勐龙乡设立勐龙镇；2004年9月30日，撤销小街乡划并勐龙镇。

2. 民族文化

曼飞龙村居民中以傣族人口居多，其民族文化保存完好。在节庆方面，开门节、关门节、泼水节等传统民族节日是村民生活中必不可少的组成部分；

在建筑方面，村内民居多为传统的干栏式建筑，很好地保存了傣族传统的建筑风貌；在饮食方面，以酸辣为特色，代表性美食包括傣族菠萝饭、香竹糯米饭、五香烤傣鲤等；在文学艺术方面，傣族人民创造了大量的文学艺术作品，如傣族最古老的神话传说故事《开天辟地》《破葫芦开创人类》等；在舞蹈方面，傣族人民热爱跳舞，其舞蹈分为自娱性、表演性、祭祀性、武术性等类别，其中最有名的是表演性舞蹈“孔雀舞”。

3. 宗教信仰

曼飞龙白塔旅游区内的曼飞龙村是一个传统的傣族村寨。傣族是一个全民信教的民族，其政治、经济、文化、艺术等各方面都受到了南传佛教的深刻影响。规划区范围内现有佛寺一处、佛塔一座、佛像一尊。佛寺在傣族村寨非常普遍，可以说是“一寨一佛寺”（见图 1.2.1）。曼飞龙佛寺不仅是本村村民参与佛事活动的地方，而且吸引虔诚的游客前来祭拜。佛塔即曼飞龙白塔，建于傣历 565 年（1204 年），至今已有 800 多年历史，早在 1988 年就被国务院公布为全国重点文物保护单位。佛像即佛祖的塑像，位于曼飞龙白塔西面，它高达十余米，衣饰华丽精美，面相端庄慈祥、栩栩如生。

图 1.2.1 傣寨佛寺

（四）社会条件

1. 社会经济

“十二五”以来，勐龙镇加快推进城镇化、市场化建设步伐，主要经济指标快速增长，经济实力显著提升。在“十二五”收尾年，勐龙镇实现生产总值 8.1 亿元，三大产业结构比重为 64 ∶ 18 ∶ 18；农民人均纯收入 1.02 万元，比上年增长 5.38%。勐龙镇在“十二五”期间所取得的成绩为“十三五”社会经济进一步发展夯实了基础。与此同时，从上述数据可以看出，第一产业（即农业）收入是勐龙镇的主要经济来源，产业结构还不太合理，而曼飞龙白塔旅游区的开发有望带动镇域经济发展，从而推动产业结构不断优化。

2. 居民人口

截至 2015 年年末，曼飞龙白塔旅游区所在的勐龙镇辖区内有常住人口 18596 户，共计 83855 人；户籍人口 76657 人，其中，农业人口 74116 人，占全镇户籍人口的 96.69%。旅游区规划范围内的曼飞龙村有农户 156 户，农业人口 759 人；劳动力 484 人，其中从事第一产业的人数为 417 人，占劳动力总数的 86.16%。预计勐龙镇通过对旅游资源进行合理开发，将会推动镇域旅游业大发展，带动越来越多的居民从事第三产业，从而改变农民收入主要依靠第一产业的局面。

3. 基础设施

截至 2016 年年底，曼飞龙白塔旅游区规划范围内的曼飞龙村已实现“通水、通电、通路、通电视、通电话”五通，其中通水、通电、通有线电视、安装固定电话或拥有移动电话的农户已达到 100%；进村道路均为柏油、水泥路面，村内主要道路也进行了硬化。在对外交通方面，曼飞龙距离最近的车站仅 1.5 公里，交通便利。在教育设施方面，由于村子人口较少，村内没有学校，学生主要到邻近的勐龙镇中心学校接受教育。在生活设施方面，目前村子内建有公共卫生间、垃圾收集点、篮球场等设施，供村民和游客免费使用（见图 1.2.2）。

三、旅游资源

（一）旅游资源类型

按照《旅游资源分类、调查与评价》（GB/T 18972—2003）规定，根据实地调研，研究团队将曼飞龙白塔旅游区的旅游资源分为 7 个主类（其中自然旅游资源包括水域风光、生物景观和天象与气候景观；人文旅游资源包括遗址遗迹、建筑与设施、旅游商品和人文活动），12 个亚类，43 个旅游资源单体，如表 1.3.1 所示。

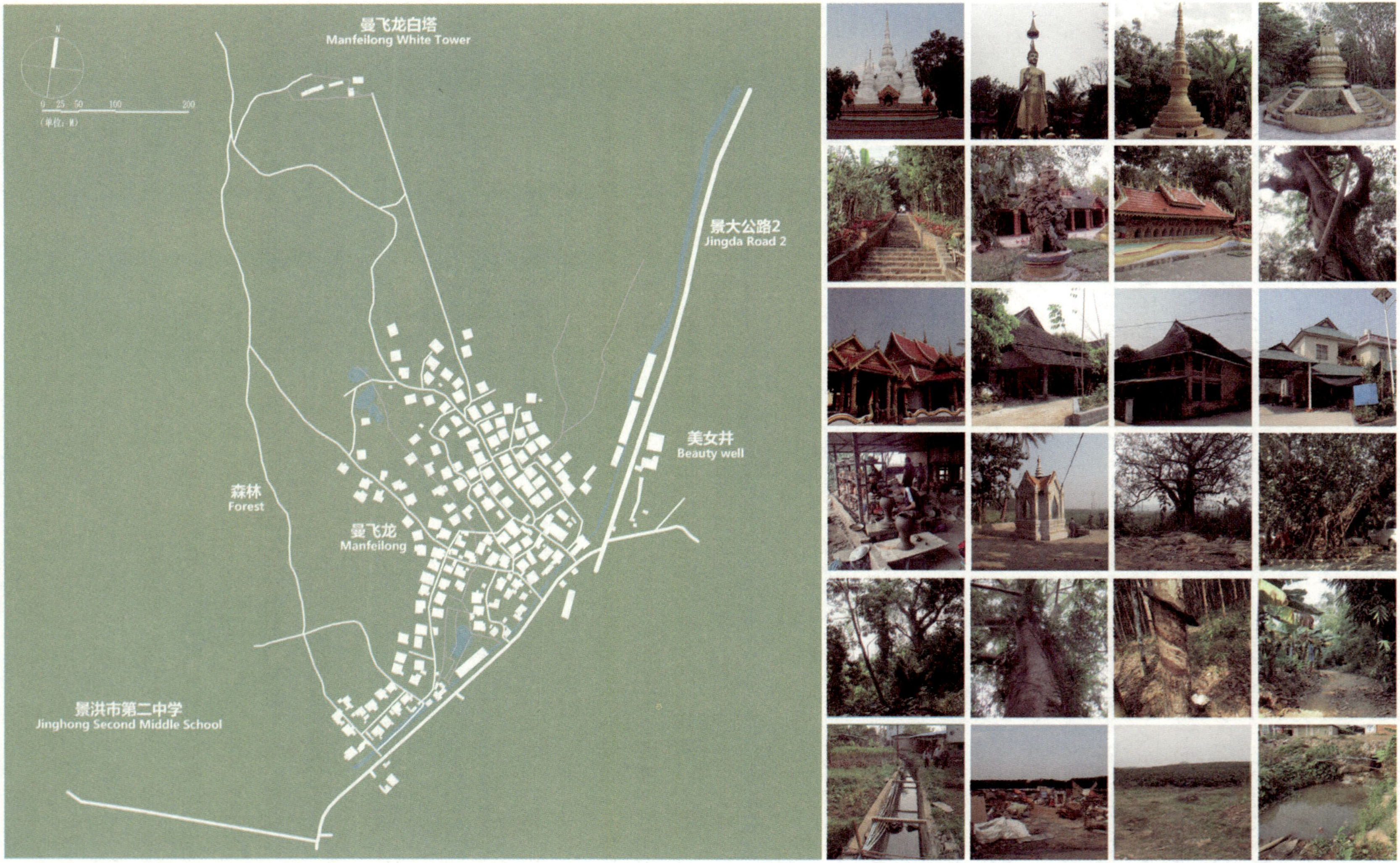

图 1.2.2　旅游区的场地现状

表 1.3.1　旅游资源分类表

<table>
<tr><th>类别</th><th>主类</th><th>亚类</th><th colspan="2">主要资源单体</th></tr>
<tr><td rowspan="3">自然旅游资源</td><td>水域风光</td><td>泉</td><td colspan="2">美女井</td></tr>
<tr><td>生物景观</td><td>树木</td><td colspan="2">橡胶林、竹林、古榕树、香蕉林、菩提树、寨心古树</td></tr>
<tr><td>天象与气候景观</td><td>避寒气候地</td><td colspan="2">曼飞龙村避寒气候</td></tr>
<tr><td rowspan="12">人文旅游资源</td><td>遗址遗迹</td><td>文物散落地</td><td colspan="2">曼飞龙村</td></tr>
<tr><td rowspan="4">建筑与设施</td><td>综合人文旅游地</td><td colspan="2">曼飞龙白塔、曼飞龙佛寺、泼水广场、球场、村史馆、傣族慢轮制陶技艺传习所</td></tr>
<tr><td>景观建筑与附属型建筑</td><td colspan="2">曼飞龙白塔、佛塔旁阁楼、石阶铺地</td></tr>
<tr><td>居住地与社区</td><td colspan="2">干栏式民居建筑、特色街巷</td></tr>
<tr><td>水工建筑</td><td colspan="2">美女井、农田坝子</td></tr>
<tr><td>旅游商品</td><td>地方旅游商品</td><td colspan="2">土陶制品（锅、罐、甑、壶）、银器（手镯、戒指、项链、银腰带等）、傣锦、橡胶制品、竹编工艺品</td></tr>
<tr><td rowspan="6">人文活动</td><td>人事记录</td><td colspan="2">佛足印记（典故）</td></tr>
<tr><td>艺术</td><td colspan="2">佛教传说、傣族神话传说、民间文学作品（《召树屯与喃木诺娜》、傣剧《娥并与桑洛》等）</td></tr>
<tr><td rowspan="4">民间习俗</td><td>地方习俗与民间礼仪</td><td>傣族婚丧嫁娶、饮食、祭祀寨心、赕佛赕塔、赕僧赕帕、摆旱尚</td></tr>
<tr><td>民间节庆</td><td>泼水节、关门节、开门节</td></tr>
<tr><td>民间演艺</td><td>孔雀舞、象脚鼓舞、章哈演奏、傣族歌谣（祭祀歌、生产歌、祝福歌、情歌等）</td></tr>
<tr><td>特色服饰</td><td>傣族服饰</td></tr>
</table>

根据表 1.3.1，可将曼飞龙白塔旅游区的旅游资源归纳为以下四大主体类型：

1. 底蕴深厚的佛教文化

曼飞龙白塔旅游区拥有底蕴深厚的南传佛教文化，其中核心旅游资源曼飞龙白塔建于 1204 年，距今 800 余年，历史久远，文化厚重（见图 1.3.1）；曼飞龙佛寺建筑外观色彩亮丽，保存完好；佛教传说广泛流传，深入人心；赕佛赕塔仪式庄严肃穆、神圣隆重。

2. 原汁原味的傣族风情

曼飞龙村是一个典型的傣族聚居村落，至今仍保持着原汁原味的傣族民

图 1.3.1　曼飞龙白塔及其场地现状

俗风情。傣族干栏式民居建筑保存完好，利用率高（见图 1.3.2）；节庆活动丰富多彩，泼水节、关门节、开门节已被列入非物质文化遗产名录；傣族服饰淡雅美观，特色突出；傣家美食如竹筒饭、烤鱼、酸笋鸡等纷繁多样，色味俱佳；民间手工艺品如傣锦、银器、土陶、竹编等精巧别致，备受欢迎。

图 1.3.2 曼飞龙村的傣族干栏式民居建筑

3. 传承久远的非遗项目

曼飞龙白塔旅游区的非物质文化遗产项目众多，传统手工技艺有慢轮制陶技艺、手工造纸技艺、织锦技艺、银器制作技艺等；民俗活动包括泼水节、关门节、开门节；文学、艺术和演艺包括民间文学《召树屯与喃木诺娜》、傣剧《娥并与桑洛》、剪纸、章哈表演、孔雀舞、象脚鼓舞等。值得一提的是，包括慢轮制陶技艺、关门节等在内的多项非遗项目传承时间超过 100 年，蕴含着巨大的文化、经济、旅游价值（见图 1.3.3）。

图 1.3.3 曼飞龙村的傣族慢轮制陶技艺传习户

4. 佛境悠然的雨林景观

在曼飞龙白塔旅游区内的大片雨林中，植物种类纷繁茂盛，高大的榕树、葱郁的竹林、茂密的香蕉林相间而生，幽深静谧，景观壮阔（见图 1.3.4）。

图 1.3.4　曼飞龙白塔旅游区的雨林景观

与其他原始森林相比，在浓厚佛教文化的渲染和熏陶下，旅游区整片雨林更增添了些许神圣感和庄重感。悠然的佛境，成为人们释放心情、净化心灵、修身养性的理想之地。

（二）旅游资源分布

根据旅游资源分布状况与旅游开发功能要求，可将曼飞龙白塔旅游区的旅游资源空间分布划分为 5 大资源片区，即菩提游览区、傣寨游览区、雨林游览区、白塔游览区和美女井景区（见图 1.3.5、表 1.3.2）。

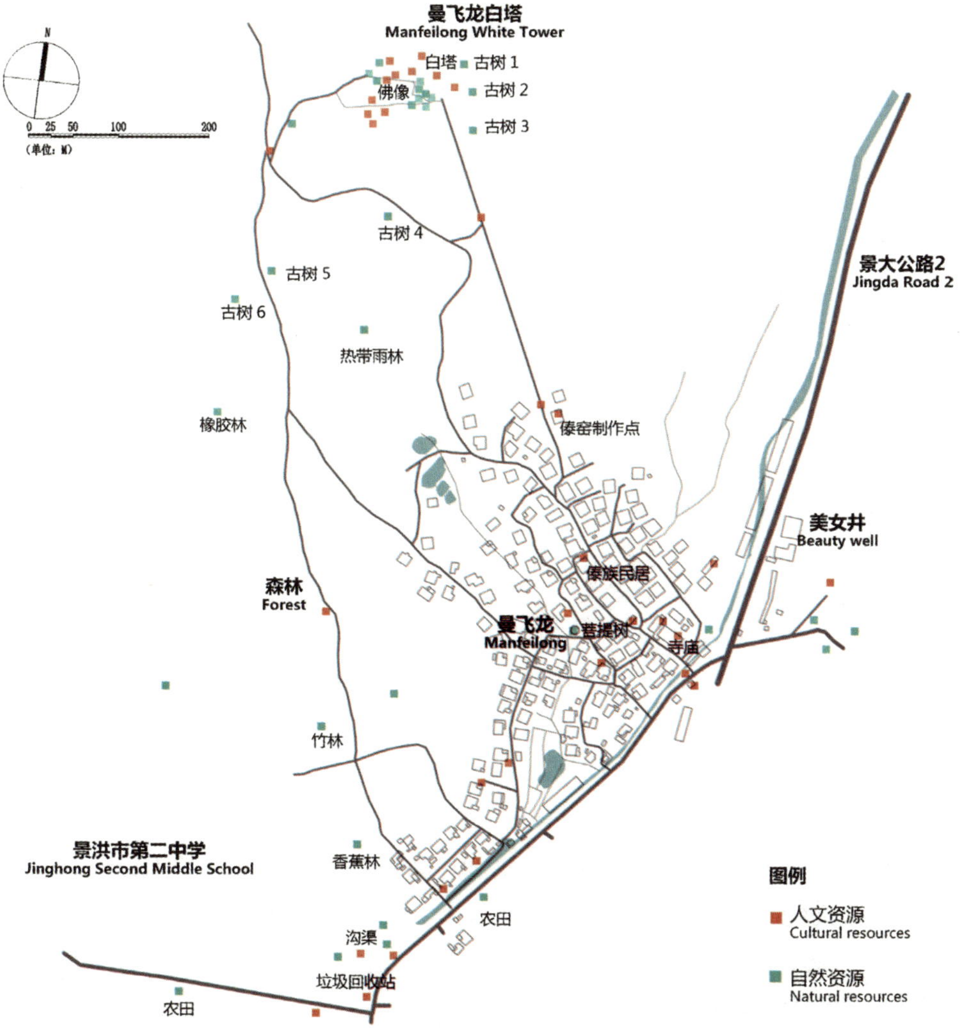

图 1.3.5　曼飞龙白塔旅游区部分旅游资源分布示意图

表 1.3.2　旅游资源空间分布

区域	主要旅游资源
菩提游览区	香蕉林
傣寨游览区	曼飞龙村寨、菩提树、寨心古树、曼飞龙村避寒气候、曼飞龙佛寺、球场、村史馆、干栏式民居建筑、特色街巷、傣族慢轮制陶技艺传习所、土陶制品（锅、罐、甑、壶）、银器（手镯、戒指、项链、银腰带等）、傣锦、橡胶制品、竹编工艺品、傣族神话传说、民间文学作品（《召树屯与喃木诺娜》、傣剧《娥并与桑洛》等）、傣族婚丧嫁娶、饮食、祭祀寨心、赕僧赕帕、摆旱尚、泼水节、关门节、开门节、孔雀舞、象脚鼓舞、章哈演奏、傣族歌谣（祭祀歌、生产歌、祝福歌、情歌等）、傣族服饰
雨林游览区	橡胶林、竹林、古榕树、香蕉林
白塔游览区	曼飞龙白塔、佛塔旁阁楼、石阶铺地、泼水广场、佛足印记（典故）、佛教传说、赕佛赕塔
美女井景区	美女井、农田坝子、高大树木

（三）旅游资源特征

1. 佛俗共生：佛化众生、众生敬佛

据说，佛祖曾经在这里讲经布道，留下足印，以此来教化众生、播颂佛法。为表恭敬之情，傣族先民在佛足印上建造佛塔，子孙后代以物赕塔，敬佛礼佛。世世代代的傣族民众与博大精深的南传佛教文化相生相伴，佛成为众生的精神力量和情感依恋，众生则是佛教文化得以传承和弘扬的主体。

2. 天人合一：道法自然、万物和谐

曼飞龙村充分体现了“天人合一”的思想理念。整个傣族村寨依山傍水而建，布局依地势起伏而定；民居建筑的结构构造及选材用料均遵循生态气候建筑学原理，顺应自然且融于自然；村民对自然的敬畏之情通过日常的祭祀活动、节庆活动得以传达和表现。山寨风光、生活场景、民间艺术等都蕴含着傣族民众人与自然和谐相处的生态观念。

3. 村景相融：村中有景、景中有村

保存完好的傣家竹楼、古朴原真的民俗风情、氛围浓烈的南传佛教文化构成曼飞龙白塔旅游区祥和宁静的人文景观，而茂密繁盛、交错相间的雨林植被又构成了旅游区静谧幽深的自然景观。毫不夸张地说，村中有景，景中有村，村与景二者相得益彰（见图 1.3.6）。

图 1.3.6 村景相融的傣寨风貌

（四）旅游资源评价

1. 单体评价

按照《旅游资源分类、调查与评价》中所规定的分类评价体系（见表1.3.3），研究团队对曼飞龙白塔旅游区的旅游资源进行定量评价，并确定单体级别。

表 1.3.3　旅游资源评价赋分标准

评价项目	评价因子	评价依据	赋值
资源要素价值（85分）	观赏游憩使用价值（30分）	全部或其中一项具有极高的观赏价值、游憩价值、使用价值	30~22
		全部或其中一项具有很高的观赏价值、游憩价值、使用价值	21~13
		全部或其中一项具有较高的观赏价值、游憩价值、使用价值	12~6
		全部或其中一项具有一般的观赏价值、游憩价值、使用价值	5~1
	历史文化科学艺术价值（25分）	同时或其中一项具有世界意义的历史、文化、科学、艺术价值	25~20
		同时或其中一项具有全国意义的历史、文化、科学、艺术价值	19~13
		同时或其中一项具有省级意义的历史、文化、科学、艺术价值	12~6
		同时或其中一项具有地区意义的历史、文化、科学、艺术价值	5~1
资源要素价值（85分）	珍稀奇特程度（15分）	有大量珍稀物种，或景观异常奇特，或此类现象在其他地区罕见	15~13
		有较多珍稀物种，或景观奇特，或此类现象在其他地区很少见	12~9
		有少量珍稀物种，或景观突出，或此类现象在其他地区少见	8~4
		有个别珍稀物种，或景观比较突出，或此现象在其他地区较多见	3~1
	规模、丰度与几率（10分）	独立型旅游资源单体规模、体量巨大；集合型旅游资源单体结构完美、疏密度优良级；自然景象和人文活动周期发生或频率极高	10~8
		独立型旅游资源单体规模、体量巨大；集合型旅游资源单体结构很和谐、疏密度良好；自然景象和人文活动周期发生或频率很高	7~5
		独立型旅游资源单体规模、体量中等；集合型旅游资源单体结构和谐、疏密度优较好；自然景象和人文活动周期发生或频率较高	4~3
		独立型旅游资源单体规模、体量较小；集合型旅游资源单体结构较和谐、疏密度一般；自然景象和人文活动周期发生或频率极高	2~1

续表

评价项目	评价因子	评价依据	赋值
资源要素价值（85分）	完整性（5分）	形态与结构保持完整	5~4
		形态与结构有少量变化，但不明显	3
		形态与结构有明显变化	2
		形态与结构有重大变化	1
影响力（15分）	知名度和影响力（10分）	在世界范围内知名，或构成世界承认的名牌	10~8
		在全国范围内知名，或构成全国性的名牌	7~5
		在本省范围内知名，或构成省内的名牌	4~3
		在本地区范围内知名，或构成本地区的名牌	2~1
	适游期或使用范围（5分）	适宜游览的日期每年超过 300 天，或适宜于所有游客使用和参与	5~4
		适宜游览的日期每年超过 250 天，或适宜于 80% 游客使用和参与	3
		适宜游览的日期每年超过 150 天，或适宜于 60% 游客使用和参与	2
		适宜游览的日期每年超过 100 天，或适宜于 40% 游客使用和参与	1

按照旅游资源单体评价总分，从高到低共分为五个等级，其中：

五级旅游资源，得分值域≥ 90 分；

四级旅游资源，得分值域为 75~89 分；

三级旅游资源，得分值域为 60~74 分；

二级旅游资源，得分值域为 45~59 分；

一级旅游资源，得分值域为 30~44 分；

未获等级旅游资源，得分值域≤ 29 分。

依据上述评价方法，曼飞龙白塔旅游区共有旅游资源单体 43 个，其中五级资源 1 个，四级资源 2 个，三级资源 3 个，二级资源 8 个，一级资源 10 个，未获等级旅游资源 20 个，分别占旅游资源单体总数的 2.27%、4.55%、6.82%、18.18%、22.73%、45.45%，详见表 1.3.4。

表 1.3.4　主要旅游资源等级表

旅游资源等级	旅游资源单体	数量
五级	曼飞龙白塔	1
四级	曼飞龙村寨、曼飞龙佛寺	2
三级	傣族慢轮制陶技艺传习所、银器加工（手镯、戒指、项链、银腰带等）、傣锦	3
二级	赕佛赕塔、赕僧赕帕、摆旱尚、佛教传说、佛足印记（典故）、佛塔旁阁楼、干栏式民居建筑、泼水节	8
一级	寨心古树、祭祀寨心、美女井、菩提树、村史馆、孔雀舞、象脚鼓舞、章哈演奏、关门节、开门节	10
未获等级	橡胶林、竹林、古榕树、香蕉林、曼飞龙村避寒气候、泼水广场、球场、石阶铺地、特色街巷、农田坝子、土陶制品（锅、罐、甑、壶）、橡胶制品、竹编工艺品、傣族神话传说、民间文学作品（《召树屯与喃木诺娜》、傣剧《娥并与桑洛》等）、傣族婚丧嫁娶、饮食、傣族歌谣（祭祀歌、生产歌、祝福歌、情歌等）、傣族服饰	20

2. 分区评价

针对旅游资源分区评价，研究团队采用层次梯级评价方法对各个资源分布区进行等级层次评价（见表 1.3.5）。评价标准如下：一级旅游资源区，综合评价在 80 分以上；二级旅游资源区，综合评价在 70 分以上；三级旅游资源区，综合评价在 60 分以上。

表 1.3.5　旅游资源评价指标层次表

综合评价层	分值	项目评价层	分值
景观价值	50	欣赏价值	20
		科学价值	5
		历史价值	10
		保健价值	5
		游憩价值	10
环境水平	20	生态特征	10
		环境质量	4
		设施状况	3
		监护管理	3

续表

综合评价层	分值	项目评价层	分值
旅游条件	20	交通通信	6
		食宿接待	6
		客源市场	5
		运营管理	3
规模范围	10	面积	2
		空间	4
		容量	4

应用上述评价方法，可对曼飞龙白塔旅游区内 5 个资源片区进行比较分析，如表 1.3.6 所示。经过客观评价，得出以下结果：一级旅游资源区两处，二级旅游资源区两处，三级旅游资源区一处。其中，白塔游览区总分为83分，傣寨游览区总分为 82，属于一级旅游资源区；雨林游览区总分为 73 分，美女井景区总分为 70，属于二级旅游资源区；菩提游览区总分为 61 分，属于三级旅游资源区（见表 1.3.6）。

表 1.3.6　旅游资源评价结果表

综合评价层次	分值	项目评价层	分值	菩提游览区	傣寨游览区	雨林游览区	白塔游览区	美女井景区
景观价值	50	欣赏价值	20	14	17	17	18	16
		科学价值	5	2	4	3	4	3
		历史价值	10	5	9	6	10	7
		保健价值	5	2	3	4	3	3
		游憩价值	10	7	8	8	9	7
环境水平	20	生态特征	10	8	7	9	8	8
		环境质量	4	3	3	4	3	3
		设施状况	3	2	3	2	3	2
		监护管理	3	1	3	2	3	2
旅游条件	20	交通通信	6	2	4	2	3	2
		食宿接待	6	2	5	2	2	2
		客源市场	5	2	4	2	5	3
		运营管理	3	2	3	2	4	2

续表

综合评价层次	分值	项目评价层	分值	菩提游览区	傣寨游览区	雨林游览区	白塔游览区	美女井景区
规模范围	10	面积	2	2	2	2	2	2
		空间	4	3	3	4	3	4
		容量	4	4	4	4	3	4
总分值	100	—	—	61	82	73	83	70
资源区等级	—	—	—	三级	一级	二级	一级	二级

3. 综合评价

（1）旅游资源数量和类型

曼飞龙白塔旅游区的旅游资源总量丰富、类型多样，人文资源以南传佛教文化、傣族风情为主，特色鲜明，价值突出；自然旅游资源以雨林风光、田园景观为主，景色秀美，环境宜人。

（2）旅游资源空间分布

根据资源分布情况，可将曼飞龙白塔旅游区划分为菩提游览区、傣寨游览区、雨林游览区、白塔游览区、美女井景区 5 大旅游片区。各大旅游片区内旅游资源主体鲜明，品位较高，组合良好。

（3）旅游资源单体评价

曼飞龙白塔旅游区的核心资源为曼飞龙白塔（五级旅游资源），重要资源包括曼飞龙佛寺和曼飞龙村（四级旅游资源），其他旅游资源如傣族慢轮制陶技艺传习所、银器加工、傣锦（三级旅游资源）价值也比较高，具有较强的市场吸引力。

（4）资源开发潜力评价

总体而言，曼飞龙白塔旅游区旅游资源类型多样，质量较高，组合良好，能够对游客产生较强的吸引力。但是，受游览行程安排单一、接待服务设施不完善、旅游活动空间不足等因素制约，目前旅游资源开发利用程度还比较低，资源优势尚未显现。从长远发展来看，通过深入挖掘文化资源、进一步完善接待服务设施、适当扩充旅游活动空间等多种途径，曼飞龙白塔旅游区的旅游资源开发潜力不可估量。

四、旅游市场

（一）客源市场现状

1. 客源市场规模分析

（1）云南省客源市场持续升温

随着旅游强省战略不断推进，云南省旅游客源市场保持着较快的发展势头。统计数据显示：2010—2016 年，云南省国内外游客接待量从 1.42 亿人次增长到 4.31 亿人次，年平均增长率达 20.3%；旅游总收入从 1006.83 亿元增长到 4726.25 亿元，年平均增长率达 29.4%（见图 1.4.1 和图 1.4.2）。

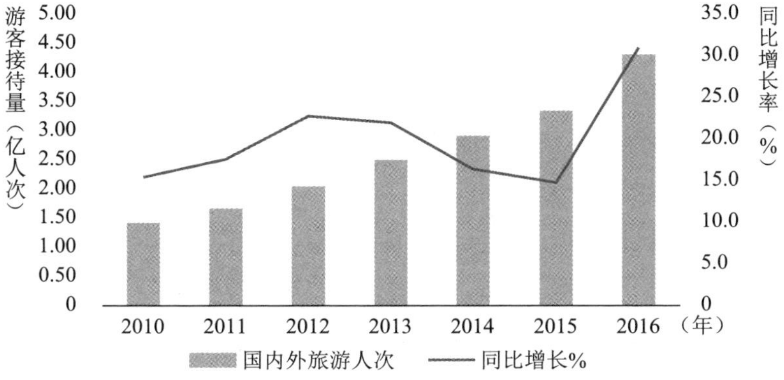

图 1.4.1　2010—2016 年云南省旅游接待人次及增长率

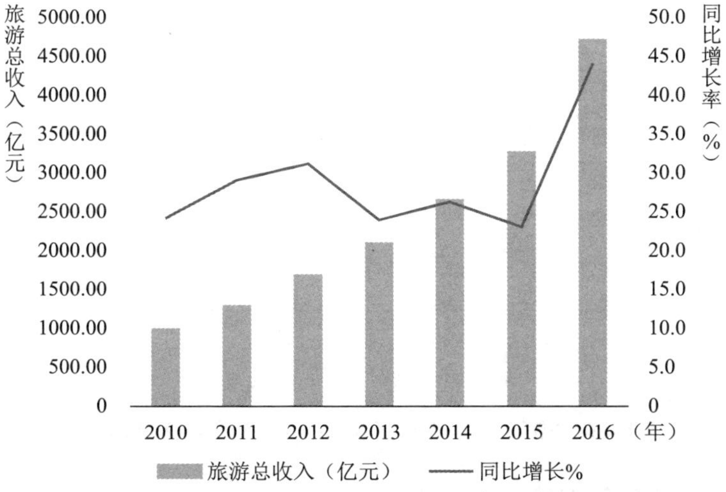

图 1.4.2　2010—2016 年云南省旅游总收入及增长率

（2）西双版纳客源市场势头强劲

根据相关统计，2010—2016 年，西双版纳国内外游客接待量从 795.61 万人次增长到 2519.94 万人次，年平均增长率为 21.2%，并从 2014 年开始增长率明显加快；旅游总收入从 80.33 亿元增长到 420.28 亿元，年平均增长率为 31.8%，其中 2016 年增长率高达 46.6%，表现出强劲的增长势头（见图 1.4.3 和图 1.4.4）。

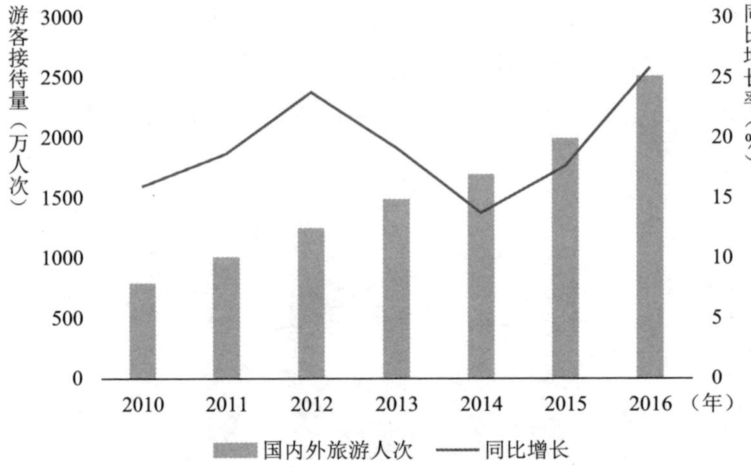

图 1.4.3　2010—2016 年西双版纳州旅游接待人次及增长率

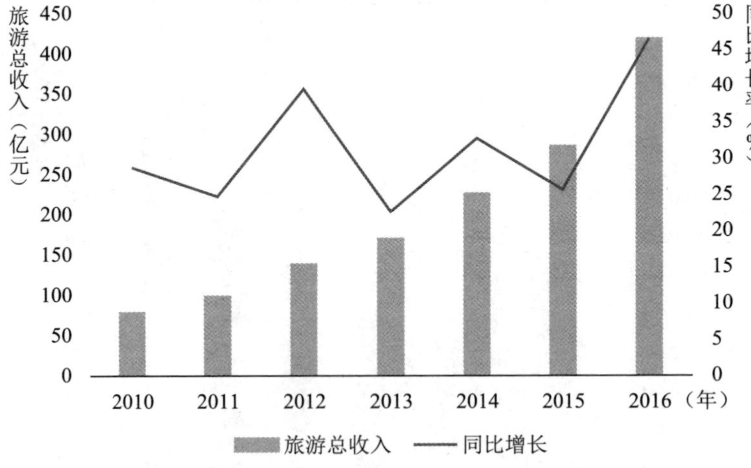

图 1.4.4　2010—2016 年西双版纳州旅游总收入及增长率

（3）景洪市客源市场增速放缓

统计资料表明：2010—2016 年，景洪市的游客接待量从 588.9 万人次增长到 1547.14 万人次；旅游总收入从 53.7 亿元增长到 264.3 亿元，总量持续增加。但从图 1.4.5 和图 1.4.6 可知，景洪市旅游接待人次和旅游综合收入增长率分别从 2012 年和 2013 年开始呈下降趋势（见图 1.4.5 和图 1.4.6）。

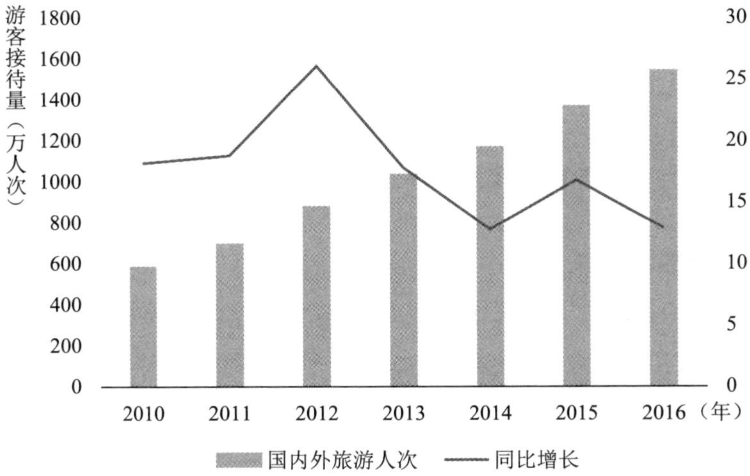

图 1.4.5　2010—2016 年景洪市旅游接待人次及增长率

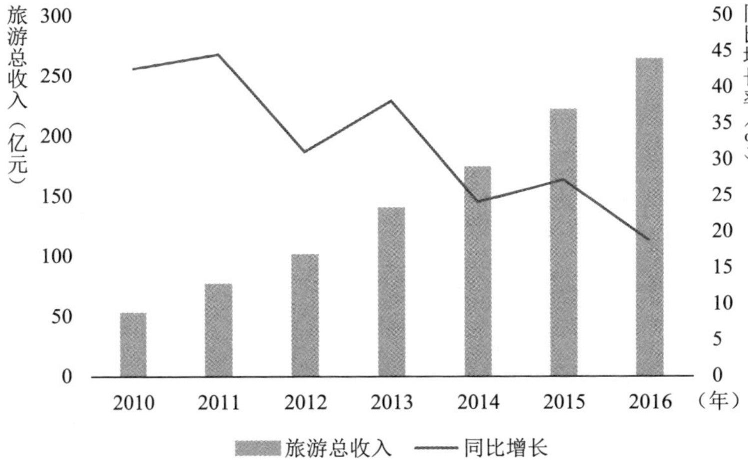

图 1.4.6　2010—2016 年景洪市旅游综合收入及增长率

2. 客源市场潜力分析

曼飞龙白塔旅游区具有巨大的市场开发潜力和开发优势，具体分析如下：

一是曼飞龙白塔旅游区核心旅游吸引物为千古南传佛塔，对云南傣族地区以及东南亚、南亚一带的广大佛教信徒具有很强的吸引力；而原汁原味的傣族风情和传承久远的非遗文化对那些有民俗体验、休闲度假需求的游客来说充满了吸引力，这两者完美融合将使旅游区的整体吸引力倍增。

二是曼飞龙白塔旅游区位于景洪—大勐龙—打洛—勐海—景洪旅游西环线上，在景洪市 1 小时交通辐射圈内，外部通达性强，区位优势明显。

三是曼飞龙白塔旅游区周边还有知青农场、勐龙黑塔、莎竹温泉、热带雨林、百丈崖瀑布等众多景区景点，这些景区景点同属于西双版纳旅游西环线，相互间可通过加强合作形成联动发展效应。

四是西双版纳当前正加快推进国家全域旅游示范区建设工作，这将为曼飞龙白塔旅游区的进一步开发提供良好契机。

（二）客源市场走势

根据旅游资源特征及开发方向，曼飞龙白塔旅游区将聚焦于佛事体验、乡村休闲、自驾游览三大旅游客源市场。

1. 佛事体验客源市场

随着我国旅游业不断发展，传统的观光旅游已不能满足游客的个性化需求，文化体验旅游开始被越来越多的人所青睐。依托深厚的文化底蕴与独特的艺术价值，佛教文化体验游正成为当前最热门的文化旅游产品之一。西双版纳州与泰国的清迈、缅甸的景栋和老挝的琅勃拉邦齐名，是南传佛教四大中心之一，“村村有佛寺，寺寺有佛塔”的佛教文化景观在此随处可见。曼飞龙白塔则是众多佛塔中的典型代表，其历史文化价值很高，不仅能够对云南及东南亚、南亚地区的广大佛教信徒产生巨大的吸引力和强烈的归属感，而且还将吸引大批普通游客，因而客源市场前景十分广阔。

2. 乡村休闲客源市场

2016 年 10 月，由中国社科院发布的《中国乡村旅游发展指数报告》指出，2016 年是中国“大乡村旅游时代”的元年，未来中国乡村旅游热还将持续十年以上，到 2025 年预计乡村旅游人数将达到 30 亿人次。从云南的情况来看，2016 年全省接待乡村旅游者 1.34 亿人次，实现旅游总收入 1308.6 亿元。从西双版纳的情况来看，“十二五”期间全州乡村旅游累计接待旅游者 1175.11 万人次，年均达 235 万人次。从景洪的情况来看，2016 年全市乡村旅游接待量为 166.03 万人次，旅游营业收入达 7340.02 万元，同比增长分别为 21.29% 和 14.83%，乡村旅游已成为全市旅游经济新的增长点。曼飞龙白塔旅游区拥有丰富多样的乡村旅游资源，如祥和宁静的村寨环境、保存完好的傣族民居、多姿多彩的民俗活动、独具韵味的傣家餐饮和琳琅满目的手工艺品等，乡村旅游业态将成为旅游区的又一大亮点。

3. 自驾游览客源市场

随着私人汽车保有量大幅增长和汽车租赁市场发展日趋成熟，自驾游已成为国内旅客主要的出游方式。据统计，2015 年我国自驾游游客已高达 23.4 亿人次，占当年国内旅游人次的 58.5%；预计到“十三五”末，中国自驾游人数将增长到 58 亿人次，并占到国内旅游人次的 70% 以上。近几年来，云南省自驾游客源市场同样表现出强劲的增长势头。例如，在 2015 年春节黄金周期间，全省自驾车进出达 635.74 万辆次，其中西双版纳州接待自驾车 11.28 万辆次，同比增长 40.71%，接待自驾车游客 50.74 万人次，同比增长 40.71%。基于这一市场发展动向，曼飞龙白塔旅游区将把美女井景区打造成自驾车营地，以此促进本地自驾游览客源市场进一步发展壮大。

（三）客源市场定位

1. 核心市场：一级客源市场

核心市场的旅游动机以南传佛教朝圣与佛教文化深度体验为主，该市场所占比重约为 55%，具有爆发式增长的潜力。

（1）省内

以版纳本地及普洱、红河、临沧、保山、德宏等滇南和滇西南地区为主。

（2）国内

以四川、广西、贵州、重庆等云南周边省区为主。

（3）境外

以港澳台及缅甸、老挝、泰国、越南、柬埔寨、斯里兰卡等东南亚、南亚国家为主。

2. 重要市场：二级客源市场

重要市场的旅游动机以南传佛教文化与傣族风情体验、避寒和休闲度假为主，该市场所占比重约为 35%，发展潜力较大。

（1）省内

以昆明、玉溪、楚雄等滇中地区为主。

（2）国内

以珠三角、长三角、京津冀、环渤海等东部发达地区为主。

（3）境外

以日韩、西欧、北美等发达国家为主。

3. 机会市场：机会客源市场

机会市场的旅游动机以观光游览、文化体验为主，该市场所占比重约为

10%，是远期市场营销的重点。

（1）省内

核心、重要市场以外的其他州市。

（2）国内

中部、西北、东北地区等。

（3）境外

核心、重要市场以外的亚洲其他国家以及大洋洲、中东、南美等。

（四）客源市场预测

1. 预测依据

运用综合增长率模型，研究团队对规划期内曼飞龙白塔旅游区的游客规模和旅游收入进行了预测。综合增长率模型为：$M=Md(1+R)^n$（M 为预测数值，即旅游人次或者旅游收入，Md 为基期数值，R 为年增长率，n 为预测年限）。由于旅游区本身的旅游数据缺失，研究团队根据景洪市旅游发展数据、市域内景点竞争力大小等，对曼飞龙白塔旅游区基期数值进行估算，确定旅游接待人次约为 6.30 万人次；综合考虑景区属性、接待服务设施等状况，确定人均消费约为 105 元，则基期旅游综合收入为 661.50 万元（见表 1.4.1）。

表 1.4.1 2017—2021 年旅游人次和旅游收入预测表

年份	人次年均增长率（%）	游客量（万人次）	收入年均增长率（%）	年收入（万元）
基期	—	6.30	—	661.50
2017	34	8.44	50	992.25
2018	47	12.41	72	1706.67
2019	105	25.44	135	4010.67
2020	60	40.70	85	7419.75
2021	57	63.91	83	13578.14

2. 预测结果

依照曼飞龙白塔旅游区基期旅游数据，综合考虑景洪市旅游收入、旅游人次的增长率及增长规律，以及旅游发展的环境、景区开发周期、景区资源状况等各种影响因素，做出如下预测。

（1）提升期（2017—2019年）

到2019年，接待旅游者总数超过25万人次，旅游总收入突破4000万元。

（2）完善期（2020—2021年）

到2021年，接待旅游者总数超过60万人次，旅游总收入突破1.3亿元。

五、开发战略

（一）SWOT分析

1. 优势（S）

（1）资源优势

曼飞龙白塔旅游区拥有历史悠久的全国重点文物保护单位曼飞龙白塔、传统文化保护完好的典型傣族村寨、自然生态优良的热带雨林等，总体上旅游资源富集，而且有特色、品位高、组合好。

（2）区位优势

曼飞龙白塔旅游区位于西双版纳州景洪市西南部，紧邻中缅边境，距离勐龙镇只有两公里，距离景洪市区仅60公里左右；有景大公路从旁边经过，交通方便；周边有勐龙黑塔、勐龙莎竹温泉、百丈崖瀑布等，无论是地理区位还是交通区位、旅游区位，都有比较明显的优势。

（3）品牌优势

曼飞龙白塔旅游区的核心景点曼飞龙白塔是西双版纳少数几个全国重点文物保护单位之一，它不仅在云南，甚至在缅甸、泰国、老挝等国家的南传佛教徒中都享有较高的知名度。

（4）开发优势

目前，曼飞龙白塔旅游区已经进行了初步开发，道路、给排水、电力通信等基础设施较为完备，具有较好的开发基础，同时也积累了一定的开发经验，从而为旅游区进一步优化提升打下了良好基础。

2. 劣势（W）

（1）旅游项目单一

目前曼飞龙白塔旅游区所面临的最大问题是旅游项目单一，旅游活动单调，导致游客停留时间短，消费水平低。

（2）人才资源不足

曼飞龙白塔旅游区进一步发展需要各种人才资源，尤其文化创新型的高层次人才，但这方面的人才资源明显不足。

（3）开发空间受限

曼飞龙白塔旅游区只有 1000 余亩，而且大部分是林地、村庄，加上曼飞龙白塔本身是全国重点文物保护单位，周边需要严格保护，因而曼飞龙白塔旅游区的可开发利用空间受到很大的限制。

3. 机遇（O）

（1）旅游发展形势良好

近几年来，虽然我国经济下行压力加大，但在巨大的消费市场推动和宏观政策引领下，旅游产业正成为新常态下中国经济新的增长点，且连续多年保持喜人的发展势头。

（2）旅游政策密集发布

2009 年以来，我国旅游发展环境日益宽松，旅游政策密集发布。随着厕所革命、全域旅游、共享经济、精准扶贫、房车营地等逐渐成为行业中的热门话题，一系列相关重大政策也陆续出台，为各地旅游业快速发展奠定了坚实的政策基础。

（3）旅游交通加速提升

随着高速铁路在全国各地逐渐铺开，云南也迎来了高铁时代。预计 2018 年泛亚高铁（玉磨铁路段）开通，更是意味着云南高铁时代的全面到来，而西双版纳将成为东南亚国际大通道前沿。旅游交通大提速，必将为西双版纳地区带来巨大的客源。

4. 挑战（T）

（1）周边同质竞争激烈

以南传佛教文化为主题的同类型旅游区在西双版纳、德宏等地数量众多，其中不乏知名景区。以佛塔为例，位于瑞丽的姐勒金塔和位于德宏州府的勐焕大金塔都已经具有较强的市场影响力。因此，激烈的市场竞争在所难免。

（2）旅游形象屏蔽效应

在旅游开发过程中经常会出现强势旅游区对后发旅游区的遮蔽、阻碍现象，新兴旅游目的地形象难以在旅游者心目中脱颖而出，从而限制旅游地发展壮大。曼飞龙白塔旅游区要进一步发展，也可能会面临野象谷、中科院植物园等强势旅游区所带来的屏蔽效应。

（3）过度商业化的开发

依托传统文化资源的旅游区在开发过程中，如果未能处理好严格保护和合理开发之间的关系，片面追求经济效益，过度进行商业化开发，就容易导致传统文化资源的衰退。对此，在曼飞龙白塔旅游区开发过程中必须对可能存在的过度商业化行为给予高度警惕（见图 1.5.1）。

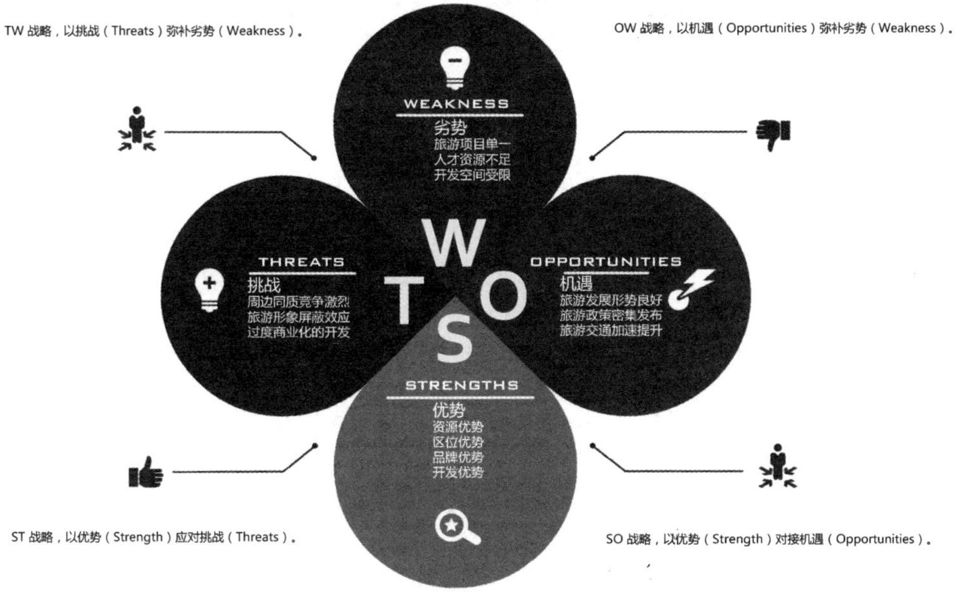

图 1.5.1　SWOT 分析示意图

（二）案例借鉴

1. 佛教旅游开发案例：仰光大金塔

（1）项目概况

缅甸仰光大金塔也称“瑞大光塔”，它与印度尼西亚的婆罗浮屠塔和柬埔寨的吴哥窟一起被称为东方艺术的瑰宝，是缅甸国家的象征，也是世界佛教的一大圣地。仰光大金塔始建于公元前 588 年，后来历朝历代不断地对其进行修缮和扩建。大金塔建在仰光市北部茵雅湖滨的丁固达拉岗上，形状像一座巨钟，四周有 68 座小塔。这些小塔用木料或石料建成，有的似钟，有的像船，形态各异，每座小塔的壁龛里都存放着玉石雕刻的佛像。大金塔装饰有数吨重的金块、金箔和金铃，塔顶宝伞和钻球上镶着成千上万颗珠宝钻石。

（2）经验借鉴

①体量宏大，历史文化深厚。仰光大金塔体量宏大，其形状像一座巨钟，底部周长 427 米，塔身高 112 米。仰光大金塔历史非常久远，至今已经有 2600 多年历史。相传，缅甸商人科加达普陀兄弟从印度带回 8 根佛祖释迦牟尼的佛发，献给缅王奥加拉巴，于是缅王下令修筑此塔珍藏佛发。

②装饰豪华，打造世界之最。整座大金塔金碧辉煌，塔顶有做工精细的

金属罩檐，檐上挂有金铃 1065 个，银铃 420 个，并镶嵌有 7000 颗各种罕见的红、蓝宝石钻球，其中有一块重 76 克拉的著名金刚钻。塔身经过多次贴金，上面的黄金已有 7000 公斤重，成为世界上最大的佛教金塔。

③国家象征，地位不可撼动。对有着虔诚宗教信仰的缅甸人来说，仰光大金塔充满着神奇，是缅甸人一生中一定要来朝拜的地方。传说大金塔建成的那一刻，不可思议的事情发生了：瞎子重见天日、哑巴开口讲话、喜马拉雅山上遍开鲜花。它成为缅甸国家的象征，也成为众多佛教信徒心目中的圣地。

2. 森林旅游开发案例：三亚呀诺达

（1）项目概况

三亚呀诺达热带雨林文化旅游区是国家 5A 级旅游区，位于海南省三亚市保亭黎族自治县三道农场，距离三亚市区仅 35 公里。它以热带雨林为主体基础景观，融汇“热带雨林文化、黎峒文化、南药文化、生肖文化”等优秀文化理念于一体，构建一个以“原始绿色生态”为主格调的高档次、高品位、高质量的大型生态文化主题旅游景区。整个旅游区包括经石峡、梦幻谷、雨林谷、山盟海誓、快乐体验、热带瓜果乡、热带雨林水族馆、欢乐雨林大型演艺区、综合服务区九大功能板块。

（2）经验借鉴

①生态环境的严格保护。呀诺达在未规划之前，首先进行了环境影响评价，致力于“大生态、大文化、大教育、大旅游”发展战略。在建设过程中，旅游区注重保护，将生态保护区和生态观光区内原有的植被、山体、石块等雨林生态景观原封不动地保留下来，只是为了更好地展示原生态热带雨林旅游产品而修建了一些必备的辅助服务设施。

②雨林与文化有机融合。秉承“大生态、大文化”发展理念的呀诺达雨林文化旅游区深谙文化是旅游的灵魂，也是旅游发展的核心要素和动力源泉。为此，旅游区把与雨林相关的最具影响力的文化内涵提炼出来，将无形的文化概念用有形的主题景观和文化活动加以表现，展现其独特性，让游客在雨林游览过程中感受文化的魅力。

③处处充满了文化创意。呀诺达依托海南热带雨林文化和本土特色，挖掘文化内涵，创意提炼设计出雨林五吉祥：呀诺达精灵兔、槟榔妹、益智娃、巴戟哥、砂仁爷，并以此为核心打造呀诺达雨林精灵文化，让雨林中的动植物鲜活起来，让游客在雨林中与精灵互动，获得祝福，体验快乐，而每天的雨林精灵巡游表演更是让雨林旅游活动达到高潮。

3. 乡村旅游开发案例：日本水上町

（1）项目概况

日本水上町农业公园位于日本群马县北部，距离东京 160 公里左右，是日本标志性农业观光区。水上町群山环抱，由根郡月夜野町、水上町、新治村三个村落组成。受限于人口外流、老龄化、农业受限等原因，水上町提出以“农业公园”为主题，以“工匠之乡”为特色，迈入乡村旅游开发致富的道路。项目主要包括农业观光、民俗体验、温泉养生等旅游产品。与此同时，政府对乡村旅游经营户给予设施和资金等支持，促进了本地区的旅游发展。

（2）经验借鉴

①产业融合大发展。水上町传统产业为种稻、养蚕以及栽培苹果、香菇等经济作物，但自从“农村公园构想”提出后，当地走上了乡村旅游发展的道路。通过旅游发展，水上町聚集了“人偶之家”“面具之家”“竹编之家”等 20 多个传统手工艺作坊，形成农业、旅游业和手工艺融合发展的格局。

②主题化发展模式。“一户一品”的发展模式是水上町旅游产业发展的特色与亮点。这一模式不仅极大地提高了农民的生产生活水平，促进地方经济的活跃与产业化发展，而且以此向游客展示当地传统文化，从而有利于地方文化的传承和弘扬。

③参与式旅游体验。在水上町 20 多个手工艺作坊里，游客不仅可以现场观摩手工艺品的制作过程，还可以在坊主的指导下亲自动手制作。通过这种参与式深度体验，游客可享受到各种工艺品制作的乐趣。

④政府扶持有力度。在水上町，手工艺作坊在资金等方面获得了政府的大力扶持。每一间“工匠之家”在建设前 3 年可按匠人数量领取一定金额补贴，在此后 5 年还能继续获取政府的补助金。在政府大力扶持下，外来“工匠”不断入驻，进一步带动了当地旅游业的发展。

4. 营地旅游开发案例：北京怀北

（1）项目概况

北京怀北国际汽车营地位于北京九谷口自然风景区内，是一处集露营、房车、户外、休闲、食宿于一身的自驾车主题度假营地。营地规划总面积 12 万平方米，其中帐篷露营地规划面积 2 万平方米，可容纳 2000 顶帐篷露营；房车、汽车露营地规划面积 4 万平方米，可容纳 400 辆汽车进入景区露营。营地以综合服务大厅为轴心，向西、北、南三个方向呈放射状分列四大主题营地——边关营地、运动营地、水岸营地、长城营地。

（2）经验借鉴

①服务完善。在营地门区和综合服务大厅内设有阳光餐吧、呼叫中心、接待中心、医疗站、淋浴、卫生间、汽车救援等设施，这些设施将为露营者提供安全、快捷的服务。在每个分营地都有配套的服务站，为前来露营的游客提供服务，并保障游客夜间露营的安全。营地也为游客提供“私属”露营区域，露营者不仅车辆可以停靠在露营车位内，同时享受“户外私家小花园”的休闲方式，与家人、朋友在露营车位内烧烤、野炊（每个露营车位内设有供电及上下水设施）。

②项目丰富。四大主题营区动静相合、错落有致，为不同年龄、不同爱好的露营者提供了丰富的娱乐项目。例如，边关营地内设有充气迷宫、充气滑道、印第安风情酒吧，未来还将增设休闲吊椅、儿童城堡、戏水乐园等娱乐休闲设施，这是孩子们最喜爱的露营场所；运动营地内设有足球、山地自行车、ATV越野摩托，未来还将增设沙排、网球及戏水娱乐项目，这个区域最适合爱运动的年轻人露营休闲；长城营地内设有长城徒步穿越、军事模拟对战等设施，这里非常适合户外徒步登山爱好者；水岸营地内设有垂钓、烧烤、吊床等休闲设施，未来还将在水岸东侧开发木屋度假社区，此处非常适合喜欢安静度假的朋友。

（三）开发战略

1. 开发思路

严格按照全国重点文物保护相关法律、法规及要求，坚持“保护第一，开发第二”的基本原则进行开发。在此前提下，根据曼飞龙白塔旅游区发展现状及存在问题，依托现有的文化旅游资源，通过文化主题的深度挖掘与物化展示、游览线路重构、解说系统创新、标识系统优化、配套设施完善，形成综合旅游服务产业体系，以增强旅游区核心竞争力，形成旅游区发展的多个支撑点和盈利点。

2. 开发战略

（1）特色化战略

特色文化是旅游开发的灵魂，曼飞龙白塔旅游区要通过实施特色化战略，开发出独具特色的旅游项目。为此，围绕南传佛教文化这一主题，以佛塔文化为核心，深入挖掘其中的内涵，从中提炼出最具代表性的文化元素和符号，再通过旅游形式展现出来。

（2）精品化战略

以现有的旅游资源为依托，在进行严格保护基础上，以顾客需求为导向，注重游客的参与体验，关注游客的互动反馈，着力打造精品旅游项目，建设精品旅游线路，培养精品旅游景区，以特色和质量保持并逐步提升曼飞龙白塔旅游区的旅游吸引力。

（3）融合化战略

以旅游业为纽带，推进旅游业与其他产业融合发展，特别是推进旅游与传统文化、手工业及种植业的融合发展，以此来实现曼飞龙白塔旅游区经营效益的最大化。

（4）全域化战略

紧抓西双版纳成为首批“国家全域旅游示范区”这一重要契机，实施全域旅游发展战略，以全域旅游理念为统领，将全域旅游理念贯穿于旅游开发各个环节、各个领域。

（5）国际化战略

曼飞龙白塔旅游区在开发过程中，应紧紧抓住建设中国面向西南开放“桥头堡”、国家实施“一带一路”战略的有利契机，实施旅游国际化战略，大力开发东南亚、南亚客源市场。

（四）开发定位

1. 性质定位

（1）性质定位

南传佛教文化旅游区。

（2）定位解读

依托曼飞龙白塔旅游区的核心资源——曼飞龙白塔，以南传佛教文化为主线，以佛塔文化为核心，同时融入佛祖传佛典故、佛教文化活动、佛教哲学思想等，进一步丰富旅游区的文化内涵，让游客深度体验南传佛教的博大精深。

2. 形象定位

（1）形象定位

千古笋塔，南传宝刹。

（2）定位解读

“千古笋塔”，体现了曼飞龙白塔的形态特征和历史价值；“南传宝刹”，凸显了曼飞龙白塔在南传佛教文化中的重要地位。

3. 目标定位

（1）总体目标定位

立足版纳，面向大西南，辐射东南亚、南亚，把旅游区打造成为西双版纳旅游西环线上的支撑型景区、云南最具代表性的宗教文化景区、国家 4A 级旅游景区和面向东南亚、南亚的南传佛教朝觐圣地。

（2）分项发展指标

①旅游目标

到 2021 年成为国家 4A 级旅游景区。

②经济目标

到 2019 年，游客接待量超过 25 万人次，旅游总收入突破 4000 万元；到 2021 年，游客接待量超过 60 万人次，旅游总收入突破 1.3 亿元。

③社会目标

通过旅游开发促进本地区新农村和城镇化建设；推进传统文化传承与保护

到 2021 年，旅游直接就业人员达到 1000 人，间接从业人员达到 8000 人。

④生态目标

旅游区森林植被覆盖率达到 95% 以上，空气质量达到 100%，水体质量达到 90% 以上，新能源利用率达到 80% 以上。

六、空间布局

（一）空间结构

曼飞龙白塔旅游区的空间结构可分为三级：旅游区、景区、景点，其整体效果见图 1.6.1 至图 1.6.3。

（1）旅游区

整个规划区范围。开发建设内容包括边界划定、入口设置、外部道路、内部游路、水电系统、通信系统、接待设施、游览设施、解说系统等，形成旅游区开发建设的管理空间。

（2）旅游景区

规划区游览空间，包括菩提游览区、傣寨游览区、雨林游览区、白塔游览区、美女井景区共五个。开发建设内容包括功能方向、项目配置、游览道路、接待设施、解说标牌等，构成旅游区的功能空间。

（3）旅游景点

规划区游览单元。景区之下的游览对象，包括山体景点、水体景点、林木景点、建筑景点、人文景点、活动项目等，是旅游开发建设的实体单位。

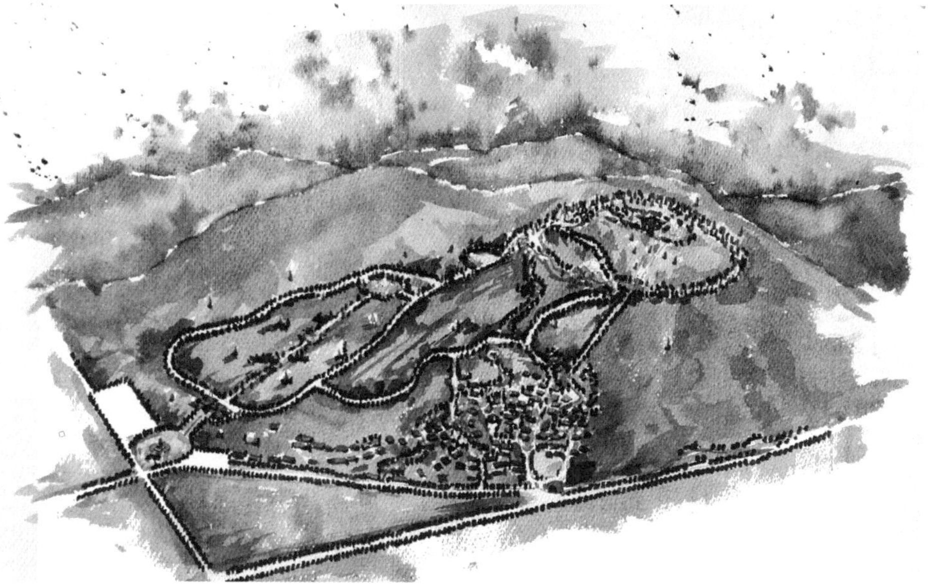

图 1.6.1 曼飞龙白塔旅游区全景鸟瞰（手绘）

图 1.6.2 曼飞龙白塔旅游区全景鸟瞰

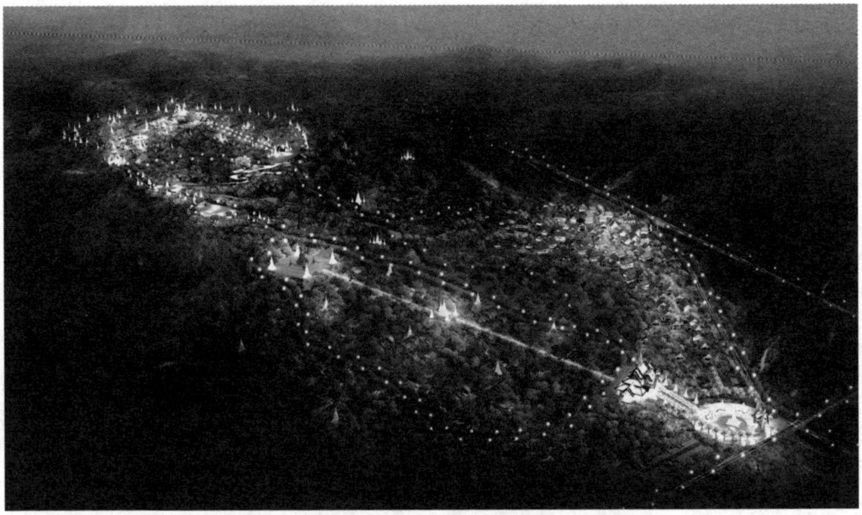

图 1.6.3　曼飞龙白塔旅游区全景鸟瞰（夜景）

（二）总体布局

根据曼飞龙白塔旅游区的旅游发展定位、资源特点、地域特征、交通格局和发展轴线，按照空间邻近性、整体性、系统性、有机性的空间组织原则，研究团队将旅游空间布局总体定位为“一中心三廊道五片区”的格局，形成空间错落、层级分明、功能完整、主题突出的空间布局结构（见图 1.6.4）。

一个中心：游客集散中心，位于旅游区西南部，主要由白象广场、服务中心、生态停车场等构成。

三条廊道：文化景观廊道，包括①傣族文化景观廊道，依托曼飞龙村，以傣家竹楼、佛教寺庙、工艺作坊、民俗活动等为载体，向游客展现安宁祥和的傣寨风貌；②传佛文化景观廊道，依托热带雨林，以艺术群雕、生物景观等为载体，向游客讲述佛祖说法布教的经典故事；③佛塔文化景观廊道，依托曼飞龙白塔，以佛塔建筑、佛祖雕塑、佛教活动等为载体，向游客展示博大精深的南传佛教文化。

五大片区：旅游功能区，包括①菩提游览区，是旅游区的第一印象区和游客服务区；②傣寨游览区，包括佛悦傣寨、醉美傣寨、工艺傣寨三大主题，是傣族传统文化体验区；③雨林游览区，包括播佛颂法、修佛静心、佛化众生三大主题，是佛祖传佛典故的艺术再现区；④白塔游览区，包括躬临佛境、仰望佛塔、布施佛像、启慧佛园四大主题，是南传佛教文化深度体验区；⑤美女井景区，以甜美傣寨为主题，是傣族水文化体验区和户外营地。

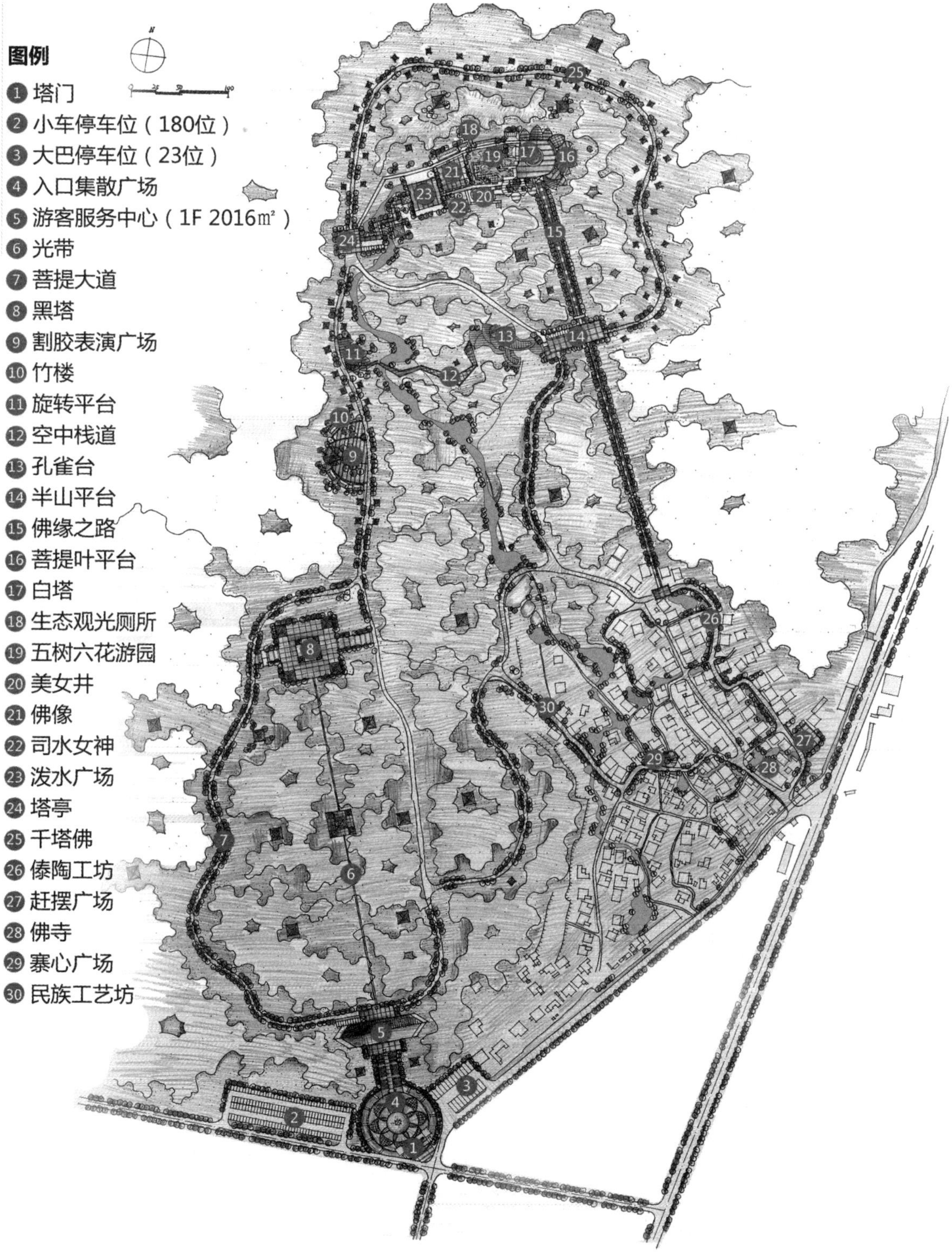

图 1.6.4　总体布局规划图（手绘）

（三）功能分区

根据曼飞龙白塔旅游区的地貌形态、文化主题、开发方向等，将整个旅游区划分为五个功能区（见图 1.6.5、表 1.6.1）。

图 1.6.5　功能分区规划图（一期）

（1）菩提游览区

功能定位为游客集散服务中心，以白象广场、生态蕉林、服务中心等 9 大项目为支撑。

（2）傣寨游览区

功能定位为傣族传统文化体验，以佛悦傣寨、醉美傣寨、工艺傣寨三组项目共 17 大项目为支撑。

（3）雨林游览区

功能定位为佛祖传佛文化体验，以播佛颂法、修佛静心、佛化众生三组项目共 14 大项目为支撑。

（4）白塔游览区

功能定位为南传佛教文化深度体验，以躬临佛境、仰望佛塔、布施佛像、启慧佛园四组项目共 21 大项目为支撑。

（5）美女井景区

功能定位为傣族水文化体验和户外露营，以司水女神、美女广场、户外营地等 8 大项目为支撑。

表 1.6.1 旅游功能分区表

功能分区	功能定位	主要项目
菩提游览区	游客集散服务中心	集散中心：白象广场、双象迎宾、景区大门、“卍”字艺术、生态蕉林、服务中心、香蕉主题餐厅、生态停车场、生态卫生间
傣寨游览区	傣族传统文化体验	佛悦傣寨：奘房礼佛、经文传习所、诵经布道、“摆旱尚”、天灯祈福
		醉美傣寨：祭祀寨心、傣味斋、傣家竹楼、创意花房、村史馆、赶摆广场
		工艺傣寨：慢轮制陶坊、纸艺工坊、手工织锦坊、银器作坊、章哈演艺坊、傣药疗馆
雨林游览区	佛祖传佛文化体验	播佛颂法：鹿苑传教、佛陀说法、采花献佛
		修佛静心：精致竹园、竹林精舍、版纳甜笋
		佛化众生：佛化无恼、教化猎人、度化波摩、点化比丘、驯服醉象、灵蛇护佛、割胶表演、空中步道
白塔游览区	南传佛教文化深度体验	躬临佛境：孔雀台、佛缘之路、圣水迎宾、名塔荟萃
		仰望佛塔：祭拜佛塔、品味圣泉、赕塔赕佛、礼佛体验、夏令佛修营、菩提平台、放生池
		布施佛像：佛光普照、九龙浴佛、菩提祈福树、莲花灯展、神鸟神兽园、解忧阁
		启慧佛园：五树六花、佛典故事、佛门语录、谜语竞猜
美女井景区	傣族水文化体验和户外露营	甜美傣寨：司水女神、美女广场、天降圣水、美女挑水、户外营地、烧烤广场、花海田园、采摘乐园

（四）产品体系

1. 一大核心产品

南传佛教文化深度体验：依托曼飞龙白塔、佛寺、佛像等旅游资源，以南传佛教文化为主线，以佛塔文化为核心，根据佛祖传佛典故、佛塔文化艺术、佛教文化活动、佛教哲学思想等进行项目策划，通过文化主题的深度挖掘和故事化、景观化、活动化展示，让游客深入体验博大精深的南传佛教文化。

2. 两大基础产品

（1）傣寨乡村旅游

依托曼飞龙村寨旅游资源，以傣族民俗文化为主题，围绕佛悦傣寨、醉美傣寨、工艺傣寨三大板块规划相关旅游项目，让游客全方位体验傣族村寨安详宁静的和谐气息。

（2）雨林生态观光

依托香蕉林、橡胶林、竹林、菩提树等热带雨林的植物资源，通过开展徒步、摄影、赏景等活动，让游客获得特别的生态旅游体验。

3. 三大延伸产品

（1）户外营地旅游

依托美女井及周边热带林木等旅游资源，建设营地服务中心、集装箱营地、帐篷营地及自驾车营地，为游客提供户外露营体验。

（2）生态休闲农业

依托曼飞龙村外的大片农田，通过开发花海田园、采摘乐园等旅游活动，为游客提供具有西双版纳特色的参与式休闲体验。

（3）美食体验旅游

依托曼飞龙村中传统的干栏式建筑、傣族特色饮食等旅游资源，建设傣味斋，为游客提供傣族原汁原味的美食体验。

（五）景观体系

1. 一大核心文化景观

曼飞龙白塔：位于曼飞龙山顶，傣族称为“塔糯”（笋塔），由一个主塔和八个小塔构成，始建于 1204 年，是一座具有较高艺术价值和浓郁民族特色的古建筑物，被列为国家级重点文物保护单位。

2. 三大亮点建筑景观

（1）景区大门

位于旅游区西南部菩提游览区，分正门和侧门，其外观、色彩、装饰等充分融入南传佛教的建筑和艺术特色。

（2）曼飞龙寺

位于曼飞龙村东面进村大门入口附近，其外观金碧辉煌，内部装饰精美，是一座典型的傣式寺庙。

（3）名塔荟萃

位于石阶步道两边的橡胶林里，东南亚、南亚国家各种类型具有代表性的佛塔将以微缩景观方式在这里进行集中展示。

3. 五大特色雕塑景观

（1）双象迎宾

位于白象广场中心，两只象鼻设置为上扬并交叉在一起，且具有喷水功能，在重大节日时可以洒圣水为游客祈福。

（2）佛陀说法

位于雨林游览区的一棵菩提树下，是一组反映佛祖向僧众弟子讲经说法的艺术群雕。

（3）灵蛇护佛

位于雨林游览区，是根据灵蛇护佛（即为佛祖遮风挡雨）的典故所打造的一组环保型艺术群雕。

（4）佛祖塑像

位于曼飞龙山顶上，在白塔的西面，是一座站立的塑像，高达十余米，外观金碧辉煌，展示了佛祖庄重、慈善的神态。

（5）司水女神

位于美女井附近，她用手绞着长发矗立在水井旁边，保护井水永不干枯，水质清冽甘甜。

4. 七大文化活动景观

（1）奘房礼佛

这是在关门节期间傣族民众到佛寺去表达敬佛之情和祈福之愿的传统活动，礼佛时他们要携带香花、佛幡、香烛等简便行李。

（2）“摆旱尚”

即升和尚仪式，也就是将五六岁傣族男孩送到佛寺去当和尚时隆重举行的一场佛事活动。

（3）圣水迎宾

这是在游客即将到达曼飞龙白塔时所举行的迎宾仪式，届时傣族少女要穿上传统服饰，通过抛洒圣水这一独特仪式，热情迎接游客的到来。

（4）祭拜佛塔

这是针对普通游客所举行的祭拜佛塔活动，通过右绕佛塔三圈、膜拜佛祖脚印等方式，让游客体验南传佛教的佛塔文化。

（5）赕塔赕佛

这是西双版纳傣族的一项传统习俗，傣家人会在开门节后每个月圆之日轮流对每座佛塔进行赕塔供奉，祈求佛祖保佑。

（6）泼水活动

这是在泼水节到来时在美女广场隆重举行的大型传统活动，届时傣族男女老少会通过相互泼水的方式来表达彼此的祝福之情。

（7）美女挑水

这是在美女井附近向游客推出的傣族美女挑水表演项目，以此再现傣族姑娘们挑着水桶或陶罐袅袅婷婷走到水井边的那道美丽风景线。

七、项目策划

（一）菩提游览区

【景区概况】位于旅游区的西部，南面紧邻曼飞龙村通往勐龙镇的水泥公路，主要旅游资源是一大片绿色香蕉林。

【功能定位】该区功能定位为游客集散服务中心。

【开发思路】充分融入南传佛教文化元素，为游客提供一个功能完善、优雅别致的旅游环境，打造旅游区的第一印象区，主要开发白象广场、双象迎宾、生态蕉林、景区大门、服务中心等 9 大项目（见图 1.7.1 至图 1.7.3）。

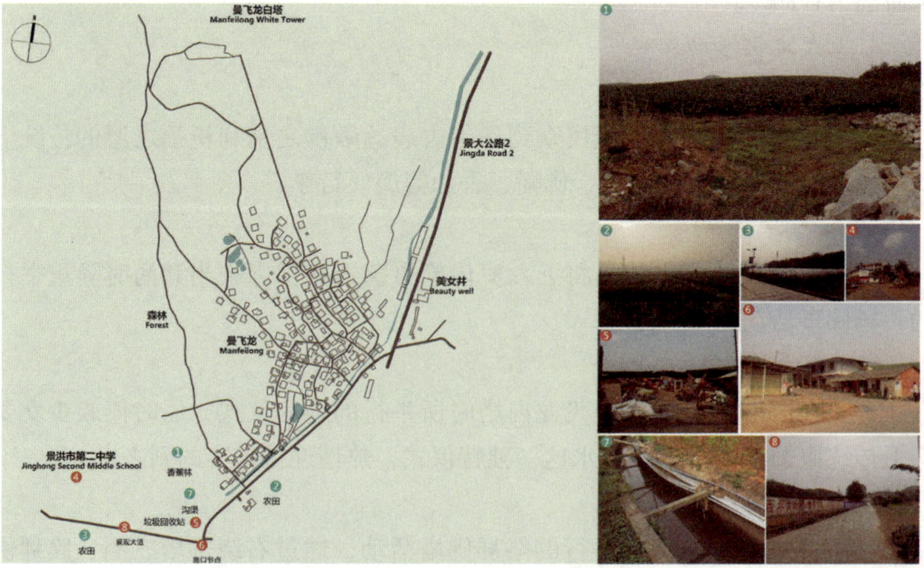

图 1.7.1　菩提游览区场地现状

图 1.7.2　菩提游览区鸟瞰（手绘）

图 1.7.3　菩提游览区鸟瞰

1. 白象广场

象征着至高力量和智慧的白象与佛教有着重要的因缘关系，传说摩耶夫人梦入白象而孕育了佛祖。在景区入口前中心地带修建圆形的白象广场，面积 3000 平方米左右，广场上用菩提叶纹进行装饰，并设置多尊形态各异的小型白象雕塑（见图 1.7.4 至图 1.7.6）。

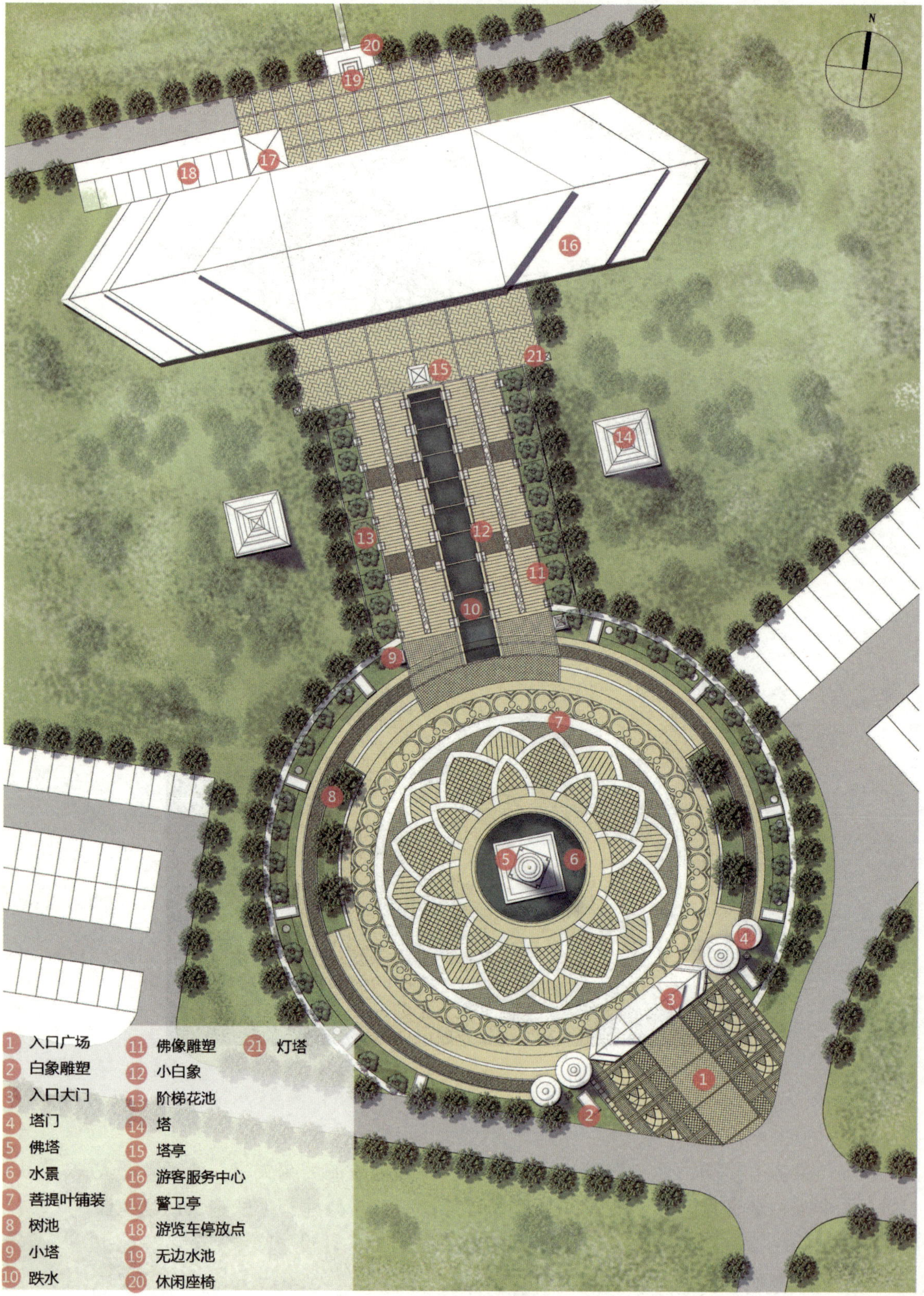

图 1.7.4　白象广场平面图

图 1.7.5 白象广场夜景效果图

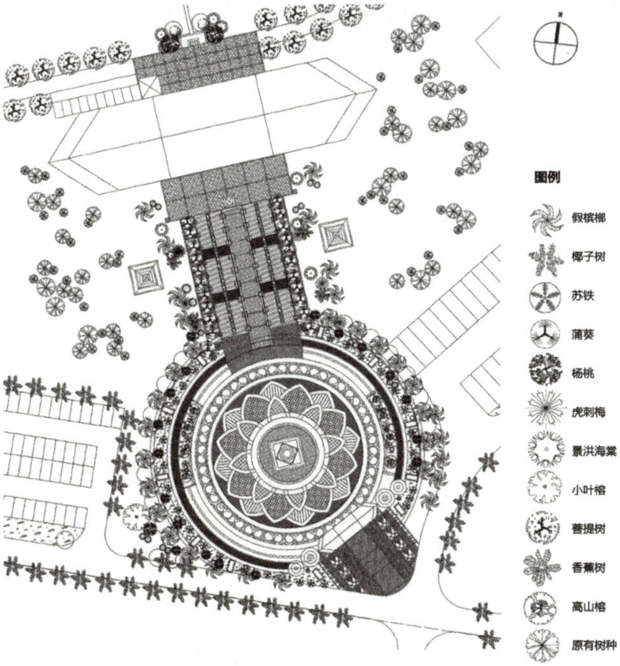

图 1.7.6 白象广场植被配置图

2. 双象迎宾

在白象广场的中间修建两尊大型白象雕塑，把两只象鼻设置为上扬并交叉在一起，而且具有喷水功能。在重大节日时组织游客从两尊雕塑之间走过，接受白象的圣水祈福。

3. 景区大门

在旅游区西南部菩提游览区修建朝向北面的景区大门（见图 1.7.7 和图 1.7.8）。大门要与周边环境相协调，其外观、色彩、装饰等充分融入南传佛教的建筑和艺术特色，还要考虑车流、人流等因素，让观光电瓶车从中间正门通过，游客从两边侧门经过。

图 1.7.7　景区大门效果图（手绘）

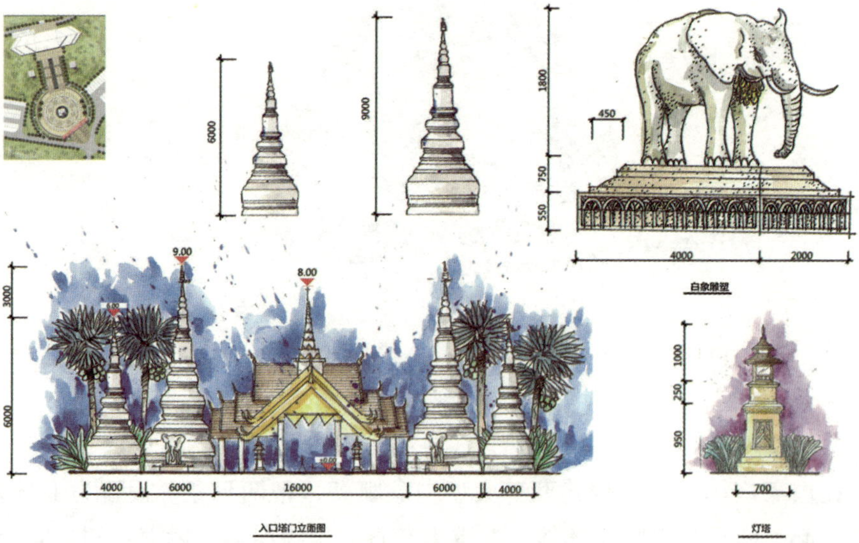

图 1.7.8　景区大门立面设计图

4. “卍”字艺术

在景区大门前方约 10 米处修建一个占地面积 9 平方米左右的花圃。花圃内种植各种热带花草，并套种出一个代表佛教形象的大型“卍”字符。此外，利用不同高度花草把花圃设计成具有一定坡度的立体结构，以方便游客观赏并拍照留念。

5. 生态蕉林

依托原有的香蕉林，通过适当改造提升，打造成一个可供游客进行观光、摄影、采摘等活动的生态蕉林。重点是修建一条绿色步行道，并设置若干座生态观景台，让游客获得体验生态蕉林观光的乐趣。

6. 服务中心

在白象广场北面靠近景区大门处，建设一个占地面积约 300 平方米的游客服务中心，建筑外观要充分体现南传佛教的文化特色，具有景区管理、票务销售、宣传咨询、投诉建议等多种功能（见图 1.7.9 和图 1.7.10）。

图 1.7.9 服务中心设计图（手绘）

图 1.7.10　服务中心设计图

7. 香蕉主题餐厅

在游客服务中心周边选择合适位置打造一个以香蕉为主题的特色餐厅。以香蕉为主料或配料，在深入挖掘西双版纳传统饮食文化基础上进行创新，向游客推出“全蕉宴”，从饮料到点心，从羹汤到各式菜肴，都要巧妙地融入香蕉元素。

8. 生态停车场

在白象广场东、西两侧各修建占地面积分别为 4000 平方米、2000 平方米的生态停车场，并分别供旅游大巴和小汽车使用，同时配备一定数量的电瓶车。还要注重生态化、景观化设计，采用乔木遮阳、绿化铺地、绿化隔离等方式进行修建。

9. 生态卫生间

在生态停车场附近修建一座 3A 级实用型、环保型、景观型的生态厕所，在满足游客生理需求和环境保护的同时，成为一个特殊的景点。厕所还要注重人文关怀，设置“第三卫生间”，以便有效解决部分特殊游客的如厕问题。

（二）傣寨游览区

【景区概况】位于旅游区中部村子里，旅游资源主要包括曼飞龙佛寺、传统傣家民居、傣族非物质文化遗产等。

【功能定位】该区功能定位为傣族传统文化体验。

【开发思路】该区包括佛悦傣寨、醉美傣寨、工艺傣寨三个主题板块，以“祥和傣族”为主题，打造充满安详和睦气息的傣族村寨（见图 1.7.11、图 1.7.12）。

图 1.7.11　傣寨景观优化效果图（手绘）

图 1.7.12　傣寨景观优化效果图

1. 佛悦傣寨

（1）奘房礼佛

奘房是傣族的佛寺，关门节期间傣族民众要携带简便行李（香花、佛幡、香烛等）前来礼佛，以表达自己的敬佛之情和祈福之愿。可组织游客观摩礼佛活动，让他们体验曼飞龙村全民向善、祥和宁静的佛家氛围。

（2）经文传习所

傣文、贝叶经现已被列为傣族非物质文化遗产。依托现有曼飞龙佛寺，打造一处展示和传承傣族优秀传统文化的经文传习所，并聘请资深的佛爷向小和尚、信徒以及广大民众传授傣文、贝叶经等相关知识。

（3）诵经布道

在关门节期间，到佛寺里听高僧讲经对傣族民众来说是一项很重要的活动。可组织游客和傣族民众一起到寺内聆听高僧诵经传法，讲解教规、戒律、佛经故事等，让他们体验净心明智、修身养性的佛门境界。

（4）“摆旱尚”

傣族男孩到五六岁时要被送到奘房（佛寺）去当一段时间和尚，届时要举行“摆旱尚”仪式。在曼飞龙佛寺内举行这种仪式，并适当扩大活动范围，让更多游客在了解这一传统习俗的同时深刻感受具有傣族特色的佛教文化。

（5）天灯祈福

放孔明灯（天灯）在傣族节日里是一项必不可少的活动。在傣族节日到来时，可组织游客与村民同乐，教游客学会制作、燃放孔明灯，让他们的美好祝愿与希冀随着一盏盏慢慢升起的孔明灯飘向天空。

2. 醉美傣寨

（1）祭祀寨心

寨心是傣族村寨一处非常神圣的地方，人们祭祀寨心是为了祈求寨神保佑全寨人畜平安。现有寨心保存完好，种着一棵古老而繁茂的菩提树（见图 1.7.13）。当村民举行祭祀寨心活动时，可组织游客观看和参与，深入体验傣族悠久的传统文化。

（2）傣味斋

傣家菜特点是生、鲜、酸、辣、野，菜品色香味俱全，种类纷繁多样；烹饪方法精良，几乎不用盐和味精，而且少油，非常符合现代人的健康观念。可将现有部分民居改造成傣味斋，即傣族特色餐馆，让游客深入体验傣族特色美食。

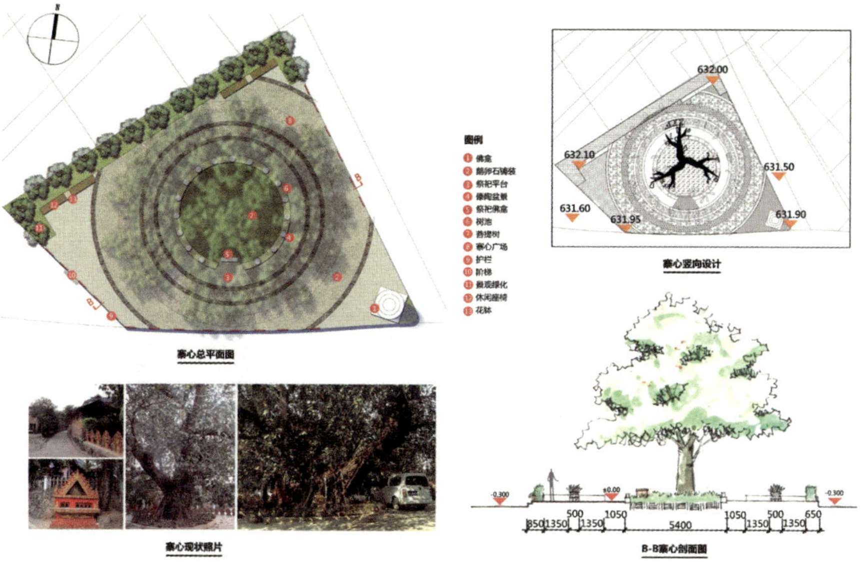

图 1.7.13　寨心广场优化设计

（3）创意花房

每逢泼水节等盛大节日到来时，傣族人民都要以花献佛。为此，把部分民居改造成创意花房，外边用兰花等鲜花装饰，里面种植各种佛教吉祥花。这些花既作为旅游景观，也可为广大信徒提供赕佛物品（见图 1.7.14）。

图 1.7.14　创意花房

（4）傣家竹楼

现有的傣族特色干栏式民居建筑保存完好，可对其中部分民居进行改造提升，打造成傣家特色竹楼。主要手段是采用现代修缮技术，让外观“修旧如旧”，保持传统民居风貌；内部装修则融入现代元素，完善设施，为游客提

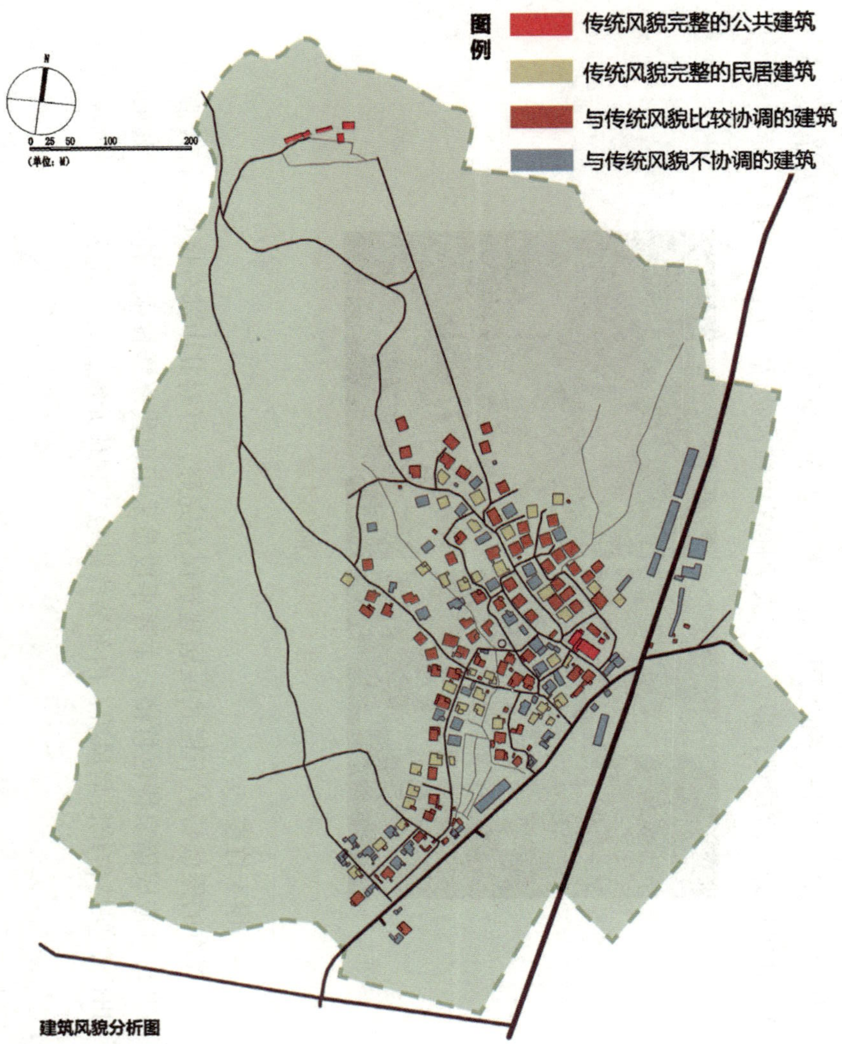

图 1.7.15　建筑风貌分析图

供舒适且富有特色的住宿体验（见图 1.7.15）。

（5）村史馆

曼飞龙建寨至今已有 2000 多年，可谓历史悠久，文化厚重。以现有村史馆为基础，利用高科技手段分不同单元对傣寨发展历程、生产生活用具、服饰文化、民族节庆等各方面的内容进行全方位、立体化、形象化展示。

（6）赶摆广场

傣族将大大小小的节日都叫作“摆”，参加这些节日即为赶摆。对村中现有球场进行改造提升，建成赶摆广场（见图 1.7.16 和图 1.7.17）。广场既可作为村民日常生活的公共空间，又可为游客体验、参与佛事活动及傣族民俗活动提供空间载体。

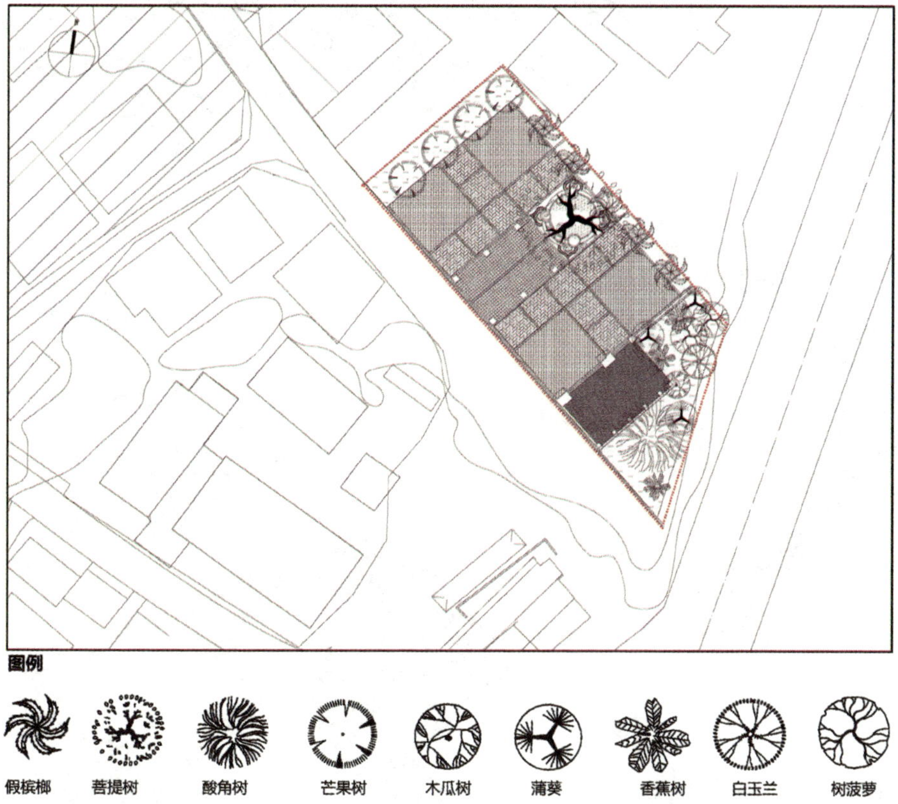

图 1.7.16 赶摆广场植物景观设计

3. 工艺傣寨

（1）慢轮制陶坊

作为国家级非物质文化遗产，曼飞龙村的慢轮制陶技艺已经有 100 多年

图 1.7.17　赶摆广场空间布局

的历史，但目前的传承情况一般。为了更好地传承和弘扬这一文化遗产，以现有的慢轮制陶技艺传习所为基础，进行适当扩建，并请专业人士向游客讲授制陶技艺，让游客在亲手制作各类陶器过程中深入体验制陶的乐趣。

（2）纸艺工坊

傣族手工造纸技艺和傣族剪纸均为国家级非物质文化遗产。依托村中传统民居打造若干个集造纸、剪纸等功能于一身的纸艺工坊，让游客能够参观造纸工艺流程，亲自动手学习剪纸艺术。

（3）手工织锦坊

傣锦织工精巧，图案别致，坚牢耐用，其技艺现为国家级非物质文化遗产。但在工业化的冲击下，如今掌握这种技艺的人越来越少了。为此，在村中打造手工织锦坊，由村里的能工巧匠担任教师，向傣族姑娘传授织锦技艺。织锦坊同时向广大游客开放，供他们参观学习。

（4）银器作坊

傣族认为银象征着纯洁，具有驱邪避毒的作用，因而傣族人民喜欢把银制成各种饰物。依托曼飞龙村现有的传统银器制作工坊，适当扩大规模，并聘请专业人才实行专业化、精细化管理和运营，打造曼飞龙村的银器制作品牌。

（5）章哈演艺坊

傣族章哈，既是歌手称谓，也是一种曲艺表演形式，为国家级非物质文化遗产。在村中比较开阔的地方打造章哈演艺坊，定期邀请邻近的章哈歌手来举办演唱会，以此为游客提供富有傣族特色的娱乐活动，也让这一傣族传统文化艺术发扬光大。

（6）傣药疗馆

拥有2500多年历史的傣医药是中国四大民族医药之一，其中睡药疗法已成为国家级非物质文化遗产。可在村中北部相对僻静处修建傣药疗馆，以内外、上下合治为指导，为那些有疗养需要的游客提供独具特色的傣式疗法体验。

（三）雨林游览区

【景区概况】位于旅游区的西北部雨林里，旅游资源主要包括竹林、橡胶林、菩提树等。

【功能定位】该区功能定位为佛祖传佛文化体验。

【开发思路】该区包括播佛颂法、修佛静心、佛化众生三个主题板块，通过雕塑等手段对佛祖数十年巡游说法、传经布教的经典故事进行艺术化再现（见图1.7.18）。

图 1.7.18　雨林游览区鸟瞰图

1. 播佛颂法

（1）鹿苑传教

根据释迦牟尼成佛后最早在鹿野苑度化憍陈如等五名弟子的故事，在刚进入雨林没多远的地方修建一处小型院落，里面养殖热带鹿种。以佛祖给憍陈如等五名弟子传教为主题，选择合适位置打造一组陶艺群雕。

（2）佛陀说法

根据佛祖给众多弟子传经布教的有关故事，选择一棵高大的菩提树，在其下用优质石材打造一组反映佛祖向僧众弟子讲经说法的艺术群雕，并通过石刻对佛祖说法的主要内容、方式等进行介绍。

（3）采花献佛

根据佛祖度化一名贫穷少女的故事，选择一棵高大树木，在其下采用泥塑技艺打造一组少女手持鲜花供献佛祖的艺术群雕，并在四周种植多种的热带花卉。同时，选择合适时机组织游客举行“采花献佛”活动。

2. 修佛静心

（1）精致竹园

竹与佛有着重要的因缘关系，竹林因其清幽、雅致的意境而成为佛祖及其众多弟子修身静养的地方。把原有的竹林改造成一个精致的竹园，种上甜竹、香糯竹、巨龙竹等多种竹子。

（2）竹林精舍

在历史上，为了让最初过着云水生活的佛祖有一个合适的住处，婆娑罗王在迦兰陀竹园专门为佛祖及弟子们建造了佛教史上的第一座精舍（即寺院）。根据这一史料，以竹子为主要原材料，在竹园里修建一座微缩版的竹林精舍。

（3）版纳甜笋

据说，世上本没有甜笋，只有苦笋。后来佛祖到西双版纳讲经传教时，通过施法让几蓬甜竹长出来。根据这一传说，依托西双版纳遍地甜笋的资源优势，策划一个让游客品尝本地甜笋的美食体验活动。

3. 佛化众生

（1）佛化无恼

根据佛祖点化一个误入歧途、滥杀无辜的青年人的典故，以橡胶为原材料，在橡胶林里打造一组雕塑，让游客去感受佛教“放下屠刀，立地成佛”的佛性。

（2）教化猎人

在佛祖心中，众生平等，人类畜生，本无差别。某日见一猎人，猎杀飞雁，佛祖于是对其进行了度化。根据这一典故，以橡胶为原材料，在橡胶林里打造一组雕塑，让游客去体会佛教“慈悲为怀”的境界。

（3）度化波摩

有一位名叫波摩的妇女原本有一个幸福家庭，但某日却突然遭遇变故，在一天之内失去了丈夫和两个儿子，最后在佛祖点化下成为佛门女弟子。根据这一典故，在橡胶林里打造一组橡胶雕塑，让游客去感受佛教度人“脱离苦海”的大德。

（4）点化比丘

有一位比丘已经苦修了七年，但当他突然发现一笔意外之财时，就动了贪念，不想再修行。于是，佛祖化作一名浓妆艳抹的比丘尼对他进行点化。在橡胶林里选择合适位置打造一组橡胶雕塑，对这一典故进行艺术化再现。

（5）驯服醉象

根据佛祖驯服一头狂象的典故，在橡胶林里某处打造一组环保型群雕，对这一典故进行艺术化再现。其中，佛祖用陶艺雕塑制作，大象采用废弃的橡胶轮胎作为原材料进行制作。

（6）灵蛇护佛

根据灵蛇护佛，即为佛祖遮风挡雨的典故，在一棵菩提树下打造一组环保型群雕，对这一典故进行艺术化再现。其中，佛祖用陶艺雕塑制作，蛇用废弃的橡胶轮胎制作。

（7）割胶表演

天然橡胶不仅是一种重要的工业材料，也是制作各种雕塑（包括佛像）的材质之一。从橡胶树提取天然乳胶，则是生产天然橡胶的第一步。为了满足游客的好奇心，选择一处合适的地方开展现场割胶表演活动。

（8）空中步道

佛祖向来慈悲为怀，善待众生。正因为如此，佛教有着强烈的环保意识，一直致力于维护生态平衡。为了减少或避免游客对雨林生物的不良影响，也为了给游客带来特别的空中雨林体验，在胶林北面山谷一带修建一条“空中步道”，也就是借助高大树干，用钢丝和尼龙绳搭建一座悬空吊桥（见图 1.7.19）。

图 1.7.19　空中步道平面图

（四）白塔游览区

【景区概况】位于旅游区北部山上，旅游资源包括佛塔、佛像、泉眼等。

【功能定位】该区功能定位为南传佛教文化深度体验。

【开发思路】该区包括躬临佛境、仰望佛塔、布施佛像、启慧佛园四个主题板块，通过优化景观、丰富活动、完善设施等手段进一步提升其旅游形象（见图 1.7.20、图 1.7.21）。

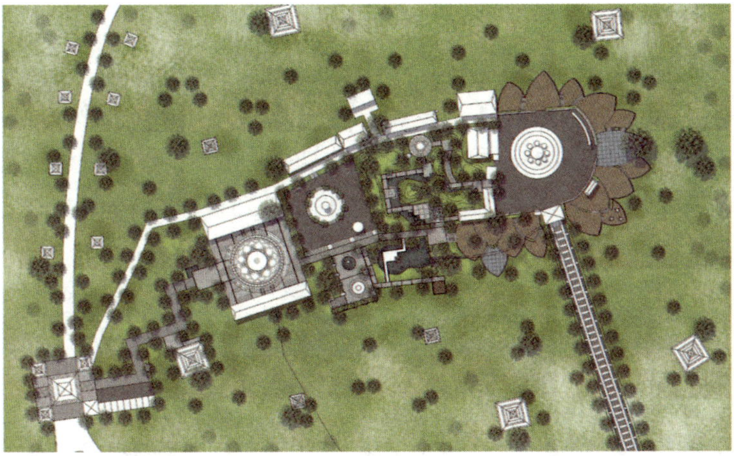

图 1.7.20 白塔游览区平面图

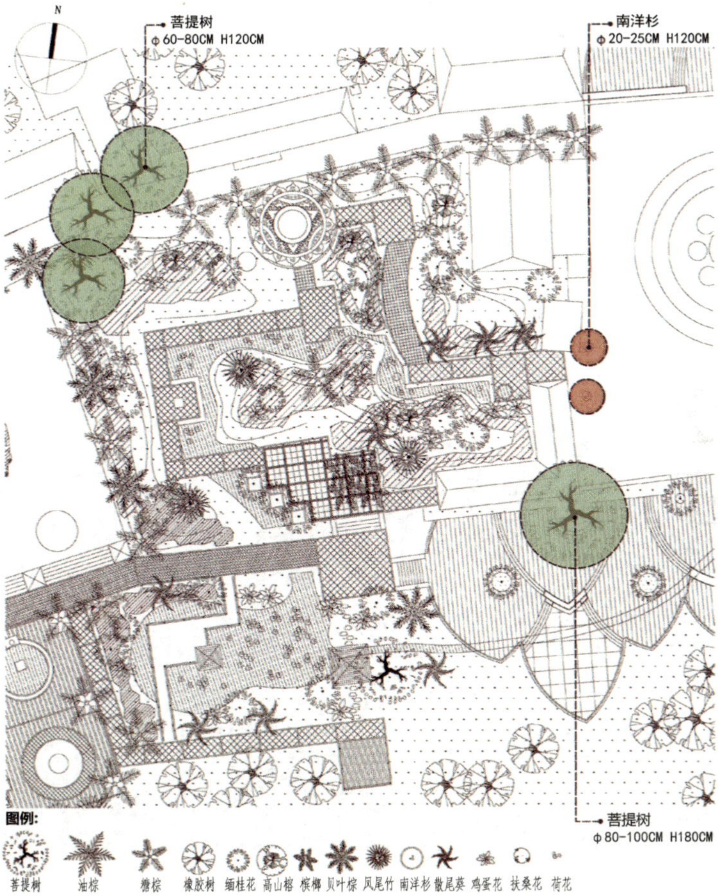

图 1.7.21 白塔游览区植物配置图

1. 躬临佛境

（1）孔雀台

对半山腰原有场所进行适当改造，修建成放飞孔雀的场所，同时添置一些石凳、石桌，并打造绿化景观，满足游客放飞孔雀、驻足观景、停歇休憩、拍照留影等多方面的需要（见图 1.7.22 至图 1.7.23）。

图 1.7.22　孔雀台剖面图

图 1.7.23　孔雀台效果图

（2）佛缘之路

对原有的登山石阶进行适当改造，在石阶两侧修建人工水道，形成自上而下的潺潺溪流景观，同时在隐蔽处安装音响设备，播放佛教音乐，让游客在佛乐梵音中慢慢步入佛门圣地（见图 1.7.24）。

图 1.7.24　佛缘之路设计示意图

（3）圣水迎宾

在准备到达白塔的入口处，组织傣族少女为游客举行隆重的洒圣水迎宾客仪式。傣族少女要穿上传统的服饰，通过抛洒圣水这一独特仪式，以满腔的热情迎接游客的到来。

（4）名塔荟萃

在石阶步道两边的橡胶林，打造一个名塔博览园，以微缩景观的方式向游客集中展示东南亚、南亚各国著名的佛塔，包括缅甸仰光的大金塔、泰国曼谷的佛统大塔、老挝万象的塔銮、柬埔寨金边的银塔等（见图 1.7.25、图 1.7.26）。

万塔之林——名塔荟萃

十大塔景观

曼飞龙白塔

两大塔门——入口塔门、半山塔门

四大名塔——再现庄莫塔、庄慌塔、曼崩塔、宰龙塔

悟道黑塔——与白塔形成一正一邪对比，深化主题

金身塔亭

千塔佛——环白塔塔林带，金白红三色交相辉映

从造型看
金钟式
金刚宝座式
密檐式
折角多边式
亭阁式
塔包树

从色彩看
金色——金塔
白色——白塔
黑色——黑塔
红色——砖塔

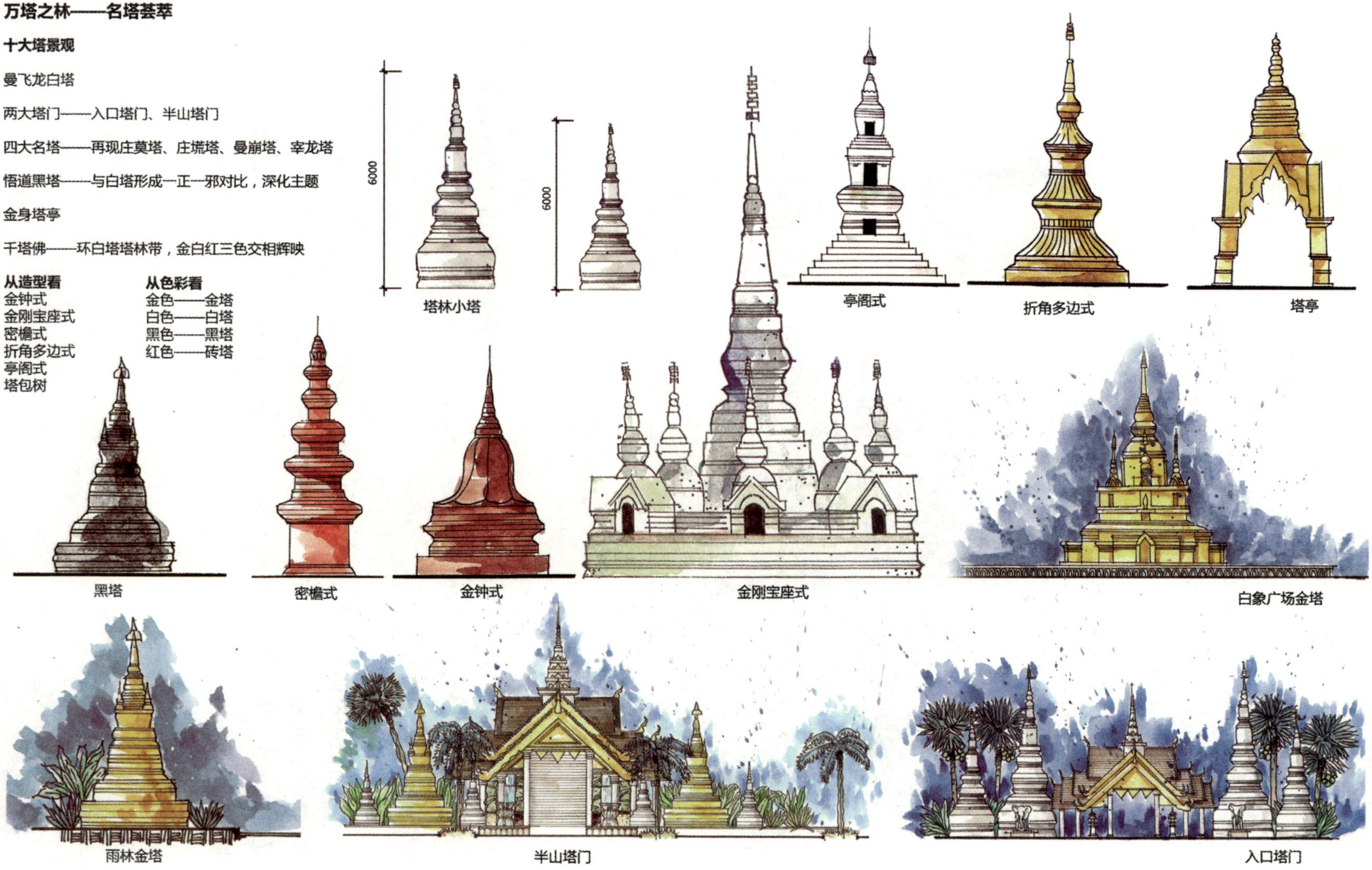

图 1.7.25　名塔荟萃设计示意图

图 1.7.26　名塔荟萃效果图

2. 仰望佛塔

（1）祭拜佛塔

佛塔在南传佛教中占据举足轻重的地位。在佛教徒的眼里，见塔如同见佛。可针对普通游客开展祭拜佛塔活动，通过右绕佛塔三圈、膜拜佛祖脚印等方式，让游客深入体验南传佛教的佛塔文化。

（2）品味圣泉

在佛塔前有一处泉眼，传说是佛祖施展佛法，用他的佛杖在地上戳了一个 3 尺深的洞而形成的。对这一泉眼进行适当开发利用，举行圣泉品尝活动，让游客能够分享到圣泉的甘甜。

（3）赕塔赕佛

赕塔是西双版纳傣族的一项传统习俗。赕塔就是赕佛，傣家人在开门节后每个月圆之日轮流对每座佛塔进行赕塔仪式，祈求佛祖保佑。根据这一传统习俗，在赕塔节到来之时，组织举办隆重的赕塔赕佛活动，让游客深入体验傣族的佛教文化。

（4）礼佛体验

针对普通游客，在佛塔旁边的法堂里举办历时大约 10 分钟的礼佛体验活动，让游客了解佛教修行的基本知识，学习打坐修炼的目的和方法，体会佛教那种静坐冥想的意境。

（5）夏令佛修营

针对虔诚修行者、佛学爱好者、青少年学生等群体，定期推出夏令佛修营活动。每次活动设定一个主题、活动时间和参加人数，通过开展相关活动，让学员们全方位深入体验佛教文化带来的乐趣。

（6）菩提平台

为加强对佛塔及其他设施的保护，避免因人员拥挤而造成的不良影响，在塔基外围的橡胶林里修建环形菩提平台，在严格保护原有设施基础上，搭建坚固的架子，在上面铺设地板，形成观景台，这相当于把佛塔周边的活动空间往外拓宽（见图 1.7.27、图 1.7.28）。

图 1.7.27　菩提平台平面图

图 1.7.28　菩提平台效果图（手绘）

（7）放生池

对原有的几个水池进行合理改造，在里面放养鲤鱼、乌龟等水生动物，同时种植泰国白花观音莲、墨西哥黄睡莲、澳洲蓝睡莲等来自世界各地的莲花品种，形成百莲争艳的美景。

3. 布施佛像

（1）佛光普照

在严格保护基础上，利用现代灯光技术，对原有佛像实施夜间亮化工程，重点突出佛祖头部的光环，形成一种“佛光普照”的逼真效果。

（2）九龙浴佛

传说佛祖诞生时惊动了天水的九条龙，于是九条龙喷水为他沐浴。根据这一传说，在佛像附近打造一座“九龙浴佛”艺术喷泉石雕，年幼的释迦牟尼坐在水池里的莲花上，四周有九个龙头向他喷洒圣水。

（3）菩提祈福树

移栽一棵高大的菩提树，作为满足游客许愿的赐福树。在做好环境保护和人身安全的前提下，允许游客在树干或树枝上挂上红绳子、红丝带等，让他们祈福的愿望得到合理表达。

（4）莲花灯展

在浴佛节等重大节日到来时，在佛像周边隆重举办莲花灯展。利用现代灯光技术，通过设计多种多样的莲花灯造型，为节日添光增彩，也为景区夜间游览带来一份惊喜。

（5）神鸟神兽园

佛教将孔雀、大象、狮子、龙等不少动物视为神鸟或神兽。依托本地丰富的热带植物资源，在佛像附近的草坪上打造一处神鸟神兽园，以园林艺术手段向游客展示各种栩栩如生的动物造型。

（6）解忧阁

对原有的公共厕所进行改造或者拆除新建，打造一座景观型的环保厕所，取名为“解忧阁”。厕所的建筑外观要融入南传佛教的文化特色，并跟周边环境相协调；内部环境要干净卫生、设施齐全，满足游客的需要。

4. 启慧佛园

（1）五树六花

“五树六花”即佛经中规定寺院里必须种植的五种树（菩提树、高榕、贝叶棕、槟榔、糖棕）和六种花（莲花、文殊兰、黄姜花、鸡蛋花、缅桂花、地涌金莲）。在曼飞龙山上选择合适的空地，打造一处集中展示五树六花的小型园林。

（2）佛典故事

在五树六花园子周边建造廊道式凉亭，并通过壁画的形式对佛教相关经典故事进行艺术化再现，包括圣者故事、佛经故事、大德故事等，让游客从故事中获得人生感悟。

（3）佛门语录

佛教有许多偈语，这些格言警句含有十分丰富的人生哲理。选择一些佛教语录刻在石头上，让游客在品读过程中受到启迪，获得人生智慧。

（4）谜语竞猜

为了让游客对佛教文化有更多的思考，同时也为了活跃旅游气氛，定期举行谜语竞猜活动，让游客现场猜猜与佛教有关的谜语，并给予猜对者一定的物质奖励，比如免去一张门票（见图 1.7.29、图 1.7.30）。

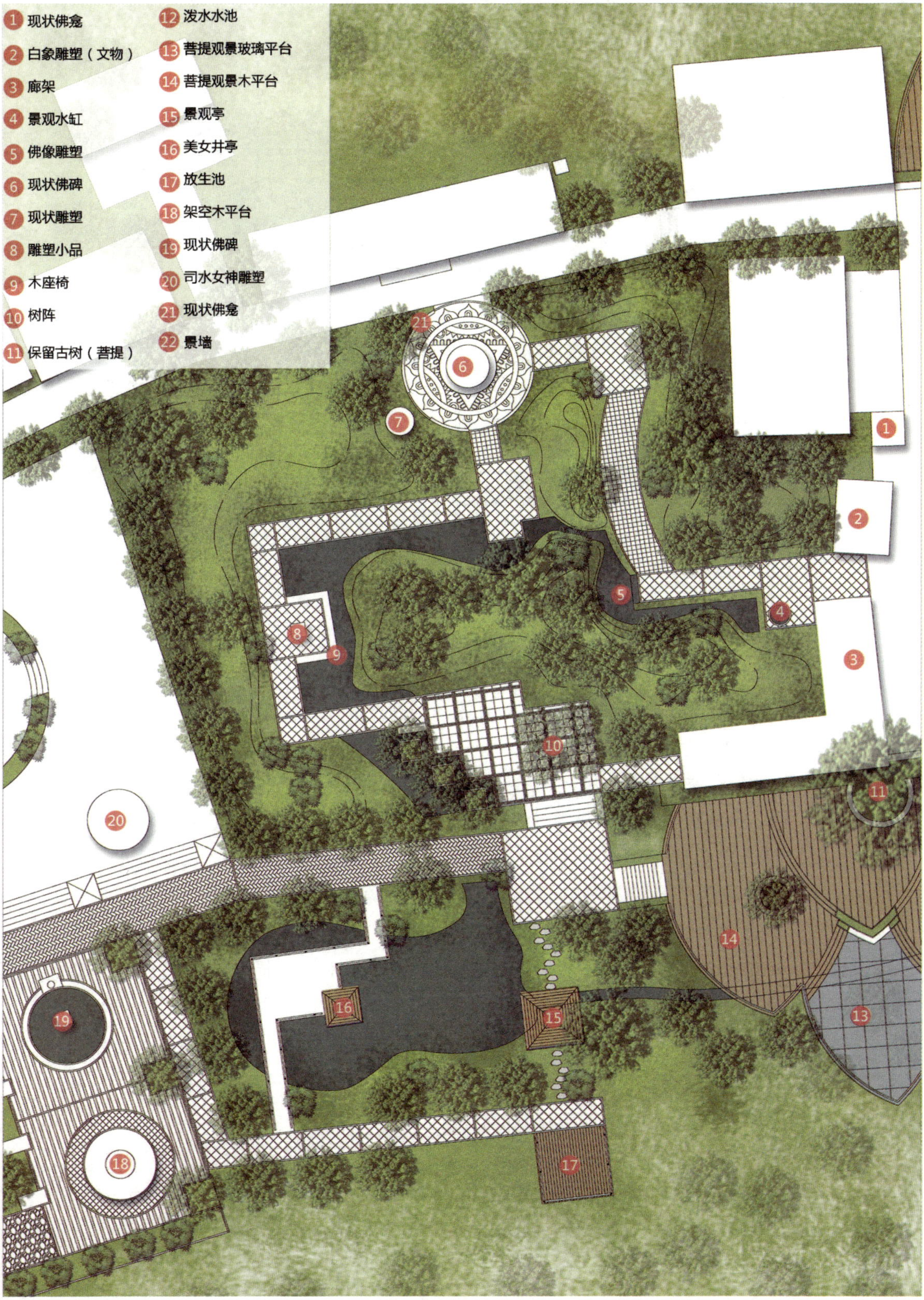

图 1.7.29　启慧佛园设计示意图

图 1.7.30　启慧佛园景观小品剖立面示意图

（五）美女井景区

【景区概况】位于旅游区的东南部，与寨子仅有一路之隔，旅游资源主要包括美女井、热带树林和大片田园。

【功能定位】该区功能定位为傣族水文化体验和户外露营。

【开发思路】该区以傣族水文化为特色，打造“甘泉+美女+美食+美景”的旅游户外营地，重点开发司水女神、美女广场、天降圣水、美女挑水、户外营地、烧烤广场、花海田园、采摘乐园八大项目。

1. 司水女神

司水女神是傣族人民心中的水神。在美女井附近选择合适位置修建一尊司水女神雕塑，她用手绞着长发矗立在水井旁边，保护井水永不干枯，水质清冽甘甜。同时，在雕塑旁边立一块石碑，将司水女神的传说故事记载在上面。

2. 美女广场

柔、静、美是傣族女孩给人留下的第一美好印象。在美女井附近修建一处占地面积约500平方米的美女广场，平时用作表演舞台，也作为泼水节的主要活动场地，同时在广场四周设置几尊傣族著名美女的雕塑。

3. 天降圣水

在傣族人民的心目中，“水”被视作一种圣洁的物质。天降圣水即傣族美女站在美女广场的舞台上，用取自美女井的泉水向台下观众泼洒，以此祝福人们好运连连。

4. 美女挑水

身着艳丽筒裙的傣族姑娘们挑着水桶或陶罐袅袅婷婷地走到水井边，一直是一道美丽的风景线，但如今这种场面已不多见。为重现这种美景，在美女井附近向游客推出傣族美女挑水的表演项目。

5. 户外营地

为适应自驾游市场的发展需要，在美女井景区中部偏南位置建设户外营地。营地主要由服务中心、自驾车营地、集装箱营地、帐篷营地等组成，要求功能齐全，满足游客停车、住宿、餐饮等多方面的需求。

6. 烧烤广场

选择营地附近地形相对平坦、植被较少且能充分保证防火安全的区域，建设一个集娱乐、社交、餐饮等多种功能于一身的烧烤广场。在烧烤广场中间专门留一处空地，用于夜晚举办篝火晚会；在广场边上则架设一块大屏幕，用于定期播放露天电影。

7. 花海田园

傣族人民一年四季以花为伴，采摘鲜花敬献佛祖更是他们的一大传统习俗。将农业生产与旅游发展有机结合起来，对现有农田进行景观化提升改造，并将部分农田打造成一片花海田园。还可以对这片花海田园进行艺术化设计，通过不同花色塑造出各式各样的地文景观。

8. 采摘乐园

为满足城镇居民体验农业生产的需求，将部分农田规划为专门用于种植生态蔬菜和瓜果的基地，在此基础上打造一批生态果蔬采摘园。采摘园内种植辣椒、南瓜、冬瓜、菠萝、芭蕉、火龙果等多种蔬菜和瓜果，让那些来自城镇的游客能够体验采摘品尝的乐趣。

八、旅游设施

（一）接待设施

1. 住宿设施

根据客源市场现状、客源市场预测、旅游高峰期住宿游客比例和游客停留天数分析，研究团队预测曼飞龙白塔旅游区到 2019 年游客接待量上限为 26 万人次，2021 年游客接待量上限为 65 万人次；各目标年度游客住宿率分别为一期（2017–2019 年）5%、二期（2020—2021 年）7%，相应的这两期每年住宿人数上限分别为 1.3 万人次和 4.55 万人次；旅游区住宿主要面向佛教信仰游客、自驾车游客、户外露营游客等，床位平均利用率预计一期为 65%，二期为 70%。

研究团队拟采用全年住宿总人数计算法推算床位需求规模，计算公式为：$C=R\times N/(T\times K)$，其中，C 代表住宿床位需求数量；R 代表全年住宿游客总人次；N 代表游客平均住宿天数，估计一期 1 天，二期 1.1 天；T 代表全年可游览天数，取 300 天；K 代表床位平均利用率。经测算，所需住宿床位总数为：

C 一期＝ 13000 × 1/（300 × 65%）≈ 67 张

C 二期＝ 45500 × 1.1/（300 × 70%）≈ 238 张

以上床位预测数可依市场情况和建设速度进行调整，考虑到旅游区的自然生态环境及社会文化承载力，旅游住宿量弹性较大，住宿设施规模不宜过大，以免影响投资回收率。具体床位需求数及空间分布详见表 1.8.1。

表 1.8.1　旅游区床位分布及需求规模预测表

住宿设施名称	一期（张）	二期（张）
傣家竹楼	70	100
户外营地	—	150
合计	70	250

2. 餐饮设施

根据曼飞龙白塔旅游区的总体布局、功能分区和发展需要，将餐饮设施布局如下（表 1.8.2）：

（1）菩提游览区

规划建设香蕉主题餐厅，形成 100 人左右的餐位规模。

（2）傣寨游览区

规划建设傣味斋、傣家竹楼，主要为游客提供傣族传统美食，形成 150 人左右的餐位规模。

（3）美女井景区

规划建设烧烤广场，主要为营地游客提供餐饮服务，形成 250 人左右的餐位规模。

表 1.8.2　旅游区餐饮设施数量预测表

旅游片区	餐厅类型	容人数（人）	档次
菩提游览区	香蕉主题餐厅	100	中低
傣寨游览区	傣味斋	100	中低
	傣家竹楼	50	中高
美女井景区	烧烤广场	250	中低
合计	—	500	—

3. 娱乐设施

根据曼飞龙白塔旅游区的总体布局和重点项目所在设置，将娱乐设施布局如表 1.8.3。

表 1.8.3　旅游区娱乐设施分布

旅游片区	娱乐设施与项目
菩提游览区	白象广场、双象迎宾
傣寨游览区	创意花房、村史馆、赶摆广场、慢轮制陶坊、纸艺工坊、手工织锦坊、银器作坊、章哈演艺坊、傣药疗馆
雨林游览区	精致竹园、竹林精舍
白塔游览区	孔雀台、佛缘之路、圣水迎宾、名塔荟萃、佛乐梵音、菩提平台、放生池、菩提赐福树、莲花灯展、神鸟神兽园
美女井景区	美女广场、户外营地、烧烤广场、花海田园、采摘乐园

4. 商业设施

根据曼飞龙白塔旅游区目前的发展情况和未来的发展方向，大力实施“放心消费工程”，合理建设旅游商业购物场所，并积极推进旅游商品系列化、规模化、精品化，以满足游客多样化、个性化的购物消费需求。商业设施具体布局如表 1.8.4。

表 1.8.4　旅游区商业设施分布

旅游片区	商业设施和项目分布
菩提游览区	服务中心
傣寨游览区	经文传习所、傣味斋、傣家竹楼、慢轮制陶坊、纸艺工坊、手工织锦坊、银器作坊、章哈演艺坊、傣药疗馆

续表

旅游片区	商业设施和项目分布
雨林游览区	精致竹园、版纳甜笋
白塔游览区	夏令佛修营、菩提赐福树、放生池
美女井景区	户外营地、烧烤广场、采摘乐园

5. 卫生设施

按照“布局合理、使用方便、整洁卫生、利于清洁”的基本原则，积极推进曼飞龙白塔旅游区旅游环境整洁化和环卫服务现代化。在旅游厕所建设方面，结合旅游区总体发展布局，一是采用符合国家标准的水冲式公厕或新科技免冲式公厕；二是对旅游厕所进行合理布局，满足广大游客的需要（见表 1.8.5）。

表 1.8.5 旅游区旅游厕所分布

旅游片区	厕所标准	厕所类型	厕所数量（个）
菩提游览区	3A	水冲式或免冲式	1
傣寨游览区	3A	水冲式或免冲式	2
雨林游览区	2A	水冲式或免冲式	2
白塔游览区	3A	水冲式或免冲式	1
美女井景区	2A	水冲式或免冲式	1
合计	—	—	7

（二）解说系统

1. 解说系统分类

（1）交通标志系统

交通标志主要设置在旅游区道路两侧，其基本要求是表达清晰，让游客容易理解。除此之外，还应在游客服务中心以及进入旅游区的主要入口处设置大型导览图。导览图可采用平面图、鸟瞰图、文字简介等多种表现形式，具有整体展示旅游区的功能，并起到为游客指明道路方向的作用。

（2）游客服务中心（站）

作为旅游区的重要节点，各级游客服务中心（站）发挥着包括解说在内的多种功能。这里有各种可供游客免费浏览的宣传资料，涉及旅游区形象宣传、功能分区简介、旅游项目推介、相关文化宣传等。一级游客服务中心除了提供各种宣传资料之外，还可采用多媒体技术对旅游区进行全方位、形象化、动态化展示。各游客服务站一般分布在主要功能区入口处，能够为游客提供相关旅游产品、旅游项目的解说服务。

（3）接待设施系统

接待设施系统主要涉及为游客提供住宿、餐饮、娱乐、购物等服务的场所及相关设施设备。为了方便游客使用同时又确保安全无事故，各类服务场所必须对相关设施设备的使用方法、注意事项等配置详细的说明；在制作各类标牌标识时必须严格遵循国家或行业标准，使用统一规范的公共信息图形符号。

2. 解说系统规划

（1）解说系统构成

解说系统由软件部分（导游员、解说员、咨询服务等能动性的解说）与硬件部分（导游图、导游手册、牌示、录影带、幻灯片、语音解说、资料展示柜等多种方式）构成。曼飞龙白塔旅游区应充分发挥二者各自的优势，在依靠导游员、解说员及其他服务人员提供人性化服务的基础上，积极采用各种设施设备为游客提供便捷的导览服务。

（2）牌示式硬件解说系统

①指路牌示——向游客清晰地标示出方向、前方目标、距离等要素，有时可以包含一个或多个目标地的信息。

②景点牌示——说明各景点性质、历史、内涵等信息的标牌，以吸引并方便游客阅读。

③忠告牌示——告知游客各种安全注意事项和禁止游客各种不良行为的牌示，如游览须知。

④服务牌示——主要指各类服务场所的导引牌示，如更衣室、厕所、餐厅、公用电话亭等场所的牌示。

（3）景区解说方式和手段

曼飞龙白塔旅游区可考虑采用以下解说方式和手段：①全景解说，如通过导览图、多媒体等多种形式对曼飞龙白塔旅游区进行全景式介绍；②文字解说，如在各个功能区设立标牌并用文字来介绍主要景点；③牌示解说，如在主要游览线路设立与周围环境协调统一的指路牌示；④定点解说，如在主要功能区安排解说员为游客提供解说服务。

3. 标识系统设计

（1）标牌形状

标牌形状尤其是交通标牌形状要符合国家标准或行业标准；在无标准规范的情形下，应遵循易辨识、不雷同的基本原则，并与周围环境相协调。

（2）图标

在设计图标时可大胆创新，但应积极融入旅游区的资源和文化特色，获得创新性与地域性的有机统一。

（3）文字

标识所采用的文字应为中英文对照，文字的大小、颜色、字体、高度等都应根据游客的视觉习惯、标牌的大小进行精心设计。

（4）语言

标识用语在遵循语言规范的基础上，应体现出准确无误、简洁易懂等特点，同时要表达出积极向上、生动活泼的风格。

4. 导游服务系统

根据旅游发展需要，曼飞龙白塔旅游区初步配设10~15名导游人员；导游服务宜采用线路、景点两种导游形式；导游人员应持导游证上岗，并通过加强培训来提升他们的整体素养；导游语种以汉语、英语为主，并逐步建立起涵盖泰语、缅甸语、越南语等更多语言的导游服务体系。

（三）智慧旅游

智慧旅游是基于新一代信息技术，以移动终端应用为核心，以感知互动等高效信息服务为特征的旅游信息化发展新模式，也是一项以提升旅游服务质量、改善旅游体验、创新旅游管理、优化旅游资源利用为目标，增强旅游企业竞争力、提高旅游行业管理水平、扩大行业规模的现代化工程。曼飞龙白塔旅游区应充分利用现代信息技术，构建一个完善的智慧旅游体系，以此提高游客旅游的体验感知，促进线上消费，拓展营销途径。

1. 建设目标

基于互联网与旅游业的深度融合，加强对信息技术的有效运用，把曼飞龙白塔旅游区打造成智慧型南传佛教文化旅游区。

（1）通过智能化平台建设，实现曼飞龙白塔旅游区旅游管理智慧化、旅游服务智慧化和旅游营销智慧化；

（2）推进旅游信息化建设，保障旅游安全和旅游品质，提升旅游者的旅游体验，树立起曼飞龙白塔旅游区品牌形象；

（3）利用移动互联网技术，实时发布旅游资讯，将曼飞龙白塔旅游区打造成具有高新技术支撑的精品旅游目的地。

2. 建设原则

（1）统筹兼顾，协调推进

智慧旅游建设是一个不断创新优化的过程，需要在统一规划的前提下分期、分批实施。与此同时，优先建设周期短、见效快的项目，使智慧旅游建设初见成效，从而有助于加快智慧化建设进程。

（2）统一标准，资源共享

按照国家关于智慧景区建设的指导意见，统一标准、统一规范、统一接口、统一编码，保证旅游区资源共享无障碍，确保旅游区与相关部门的资源共享。

（3）安全可靠，实用优先

智慧旅游系统必须安全可靠，需要有安全保障体系防止恶意攻击。同时，规划方案及主要设备符合旅游区实际需要，切勿盲目追求最先进的技术。

（4）整合资源，开放互联

智慧旅游建设需要有集中管理平台，用于整合、协同各种资源，各应用系统之间应当遵循开放的标准进行互联互通，具有良好的可扩展性。

3. 建设内容

（1）智慧旅游服务

作为智慧旅游建设的一项基础性工作，曼飞龙白塔旅游区需要搭建一个具有互动交流功能的旅游网络应用平台（即门户网站）。该平台可按照导游员、游客、旅游合作企业等服务对象的不同需求，提供各式各样的便利服务，同时根据发展需要不断完善各项功能。例如，针对越来越多的自驾游客户群体，通过该平台推出自驾游 APP，为自驾游客提供旅游公共信息查询、自助行程设计、自驾车交通指引标识、投诉处理、应急处置、紧急救援、旅游意外保险等多种服务。

（2）智慧旅游接待

以推进旅游接待智慧化为重要目标，在游客服务中心搭建自助式服务或互动应答平台。一是在服务中心大厅配置若干台触摸屏多媒体终端机，这些终端机除了具有票务预订、退订等功能之外，还能为游客提供旅游产品、旅游线路、交通状况、天气预报、住宿餐饮、娱乐购物等多方面的自助咨询服务。二是在服务中心大厅建立多媒体展示系统，该系统借助地理信息系统、虚拟现实和多媒体技术，能够生动形象地向游客展示南传佛教的历史渊源、文化特征、人物典故以及旅游区的发展历程、资源特色、开发现状等多方面的内容。

（3）智慧旅游营销

依托新媒体技术，积极推进旅游营销智慧化。除了自身的门户网站之外，曼飞龙白塔旅游区还应充分利用新浪微博、微信公众号等其他网络平台，定期向世界各地的旅游行业人士和旅游爱好者推送旅游区的形象宣传片以及相关资讯，以此逐步打造曼飞龙白塔旅游区的良好形象。在进行智慧旅游营销过程中，要特别注意收集和分析来自合作企业和广大游客的反馈信息，在此基础上不断优化营销手段和策略。

4. 建设重点

（1）建立监控管理系统

旅游区的视频监控管理系统通过摄像头采集重要景点、客流集中路段、事故多发地段实时场景数据，利用有线或无线网络传输至指挥调度中心，为游客疏导、灾害预防、指挥调度以及应急预案的制定和实施提供保障。视频监控系统包括三部分：前端摄像系统、数据传输系统、控制和显示系统。前端摄像系统主要用来采集数据；数据传输系统主要功能是将数据传至监控中心；控制和显示系统主要播放视频画面，供工作人员集中监控。

（2）开发手机 APP

为了更好地为游客提供便捷服务，旅游区需要组织开发一款多功能手机APP，为游客提供游玩线路推荐、旅游行程定制、景区地图导览、真人语音讲解、周边商家搜索、旅游体验分享、旅游咨询投诉、门票预订或退订等多方面的服务。如果能够进行合理设计并具有完善的功能，手机 APP 除了为游客带来很大的便利之外，还将对旅游区起到宣传推广的作用。

（3）实施 Wi-Fi 全覆盖工程

在智能手机已经成为生活必需品的社会背景下，Wi-Fi 网络无疑是支撑智慧旅游建设的一个重要载体，因而实施 Wi-Fi 全覆盖工程可以为使用智能手机的游客带来很大便利。过去旅游区也会提供旅游导览设备，不过功能单一而且只能租用，这对游客来说很不方便。如今，游客通过一部智能手机即可方便获取旅游区相关信息，但存在流量问题。而解决这一问题的最好办法就是实现 Wi-Fi 全覆盖，并以技术、资金、设备等方面的投入作保障。

九、基础设施

（一）土地利用

1. 土地利用现状

曼飞龙白塔旅游区土地利用涉及游客服务中心、生态停车场、购物场所、旅游交通、基础设施、环保设施等方面。而现有的旅游接待设施只有少数几家农家乐，基本处于初步开发状态。按照目前土地利用情况，旅游区土地利用可分为休闲观光与接待设施用地（9.03%）、山林地（ 40.62%）、水体（1.81%）、耕地（16.25%）、村庄用地（22.57%）、道路交通用地（3.61%）、其他（6.11%）。具体的土地利用现状如图 1.9.1、表 1.9.1 所示。

图 1.9.1　土地利用现状图

表 1.9.1　土地利用现状指标

用地类型	面积（亩）	所占比例（%）	备注
休闲观光与接待设施用地	100	9.03	曼飞龙白塔、农家乐、客栈等
山林地	450	40.62	橡胶林、古榕树、竹林等
水体	20	1.81	河流水面、坑塘水面等
耕地	180	16.25	农田、果林、菜地等
村庄用地	250	22.57	曼飞龙村寨
道路交通用地	40	3.61	景大公路、村内道路等
其他	67.75	6.11	荒地、裸地等
总用地面积	1107.75	100	—

2. 土地利用依据

依据《风景名胜区规划规范》（GB 50298—1999）的用地分类标准，结合旅游开发实际，曼飞龙白塔旅游区用地类型可划分为以下几类：

（1）甲类

游览设施用地——旅游点建设用地、游娱文体用地、购物商贸用地、其他游览设施用地；

（2）乙类

居民社会用地——居民点建设用地、管理机构用地、科技教育用地等；

（3）丙类

交通与工程用地——对外交通通信用地、内部交通通信用地、供应工程用地、环境工程用地和其他工程用地等；

（4）丁类

农业基本用地——农田、经济林木和农业设施等；

（5）己类

水域——湖泊、湿地、河流和其他水域用地等；

（6）发展滞留用地

未利用地和其他滞留用地等。

3. 土地利用规划

曼飞龙白塔旅游区规划用地及所涉及的项目如下：

（1）休闲观光与接待设施用地

游客服务中心、曼飞龙白塔、曼飞龙佛寺、迎宾广场、傣味斋、傣家竹楼等；

（2）山林用地

山地游览设施设备；

（3）水体用地

河流、池塘、美女井、美女广场等；

（4）农业用地

果林、农田、菜地、花海、农业设施等；

（5）村庄用地

曼飞龙村、农村配套设施、道路绿化、赶摆广场、村史馆、慢轮制陶坊等；

（6）道路交通用地

生态停车场、游览道路、景大公路、步行道游憩带、道路绿化等；

（7）其他用地

发展滞留用地（见图 1.9.2、表 1.9.2）。

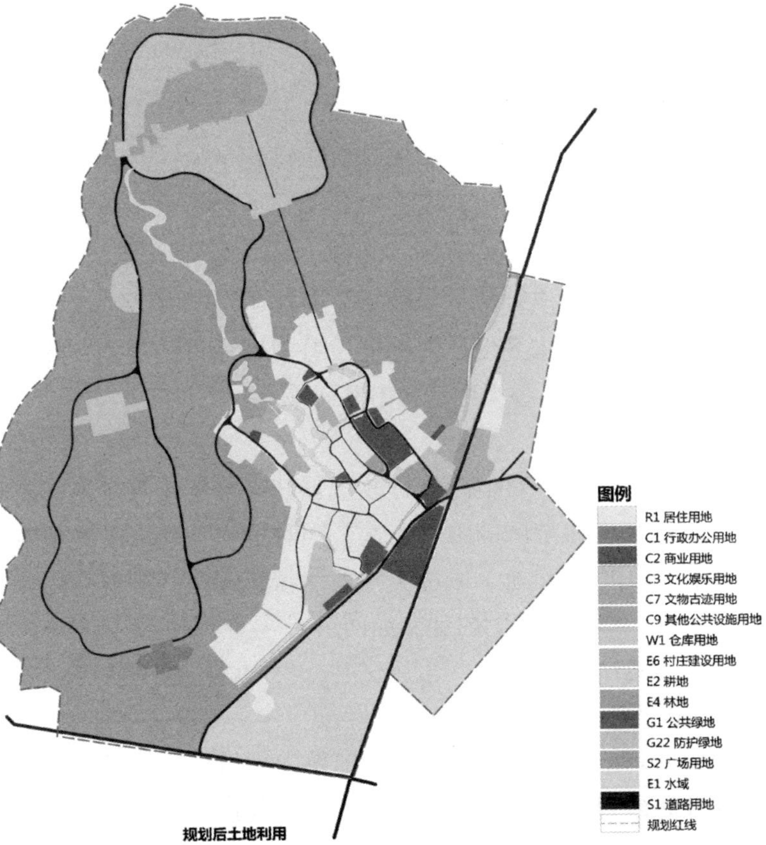

图 1.9.2 土地利用规划图

表 1.9.2 土地利用规划表

用地类型	面积（亩）	所占比例（%）	主要占地项目
休闲观光与接待设施用地	150	13.55	游客服务中心、曼飞龙白塔、曼飞龙佛寺、迎宾广场、傣味斋
山林地	400	36.11	山地游览设施设备
水体	20	1.81	河流、池塘、美女井、美女广场等
耕地	150	13.55	果林、农田、菜地、花海、农业设施等
村庄用地	250	22.57	曼飞龙村、农村配套设施、道路绿化、赶摆广场、村史馆
道路交通用地	50	4.5	生态停车场、游览道路、景大公路、步行道游憩带
其他	87.75	7.91	发展滞留用地
总用地面积	1107.75	100	—

（二）交通道路

1. 交通设施现状

从外部交通条件来看，依托等级为二级的景大公路，曼飞龙白塔旅游区通往景区市区的路况较好，但旅游区至中缅边境的道路等级较低，还需进一步改善。从内部交通状况来看，傣寨游览区和白塔游览区经过初步开发，均拥有硬化水泥道路且状况较好，但随着旅游区进一步开发，需要进行提升改造；其他三个游览区尚未开发，内部还没有规划建设的道路；此外，目前还没有一条内部旅游环线将各大游览区串联起来。

2. 交通设施目标

对于外部交通，通过对道路进行改造、升级、新建等措施，提升公路等级和质量，从而提高旅游区的可进入性，同时争取与周边更多旅游区形成旅游交通环线；对于内部交通，通过实施道路新建改造、景观美化亮化、标识标牌完善等工程，形成完善的内部交通网络。

3. 交通设施建设

（1）外部交通

①新建出入口。鉴于现有大门（位于曼飞龙村口）难以适应旅游区进一步发展的需要，经过充分论证，规划在西南部菩提游览区修建新大门，作为进出旅游区的主大门。

②打通环线。按高标准将勐龙至边境的道路提升改造为旅游线路，并将旅游线路打通至打洛，从而形成景洪—勐龙—中缅边界—打洛—景洪旅游环线。

（2）内部交通

①电瓶车游览线。电瓶车游览线是旅游区内部游览主干线，它将各个旅游功能区串联起来。为方便游客乘坐，在每个功能区修建电瓶车停靠站，作为电瓶车与步行游览线的交换站。

②自行车环线。在菩提游览区、傣寨游览区、美女井景区三个功能区之间开辟自行车游览环线，满足自行车爱好者的生态旅游体验。

③慢行游览线。慢行游览线包括山地攀登游览线和平地徒步游览线：山地攀登游览线，连接菩提游览区、雨林游览区和白塔游览区；平地徒步游览线，贯穿菩提游览区、傣寨游览区及美女井景区（见图 1.9.3）。

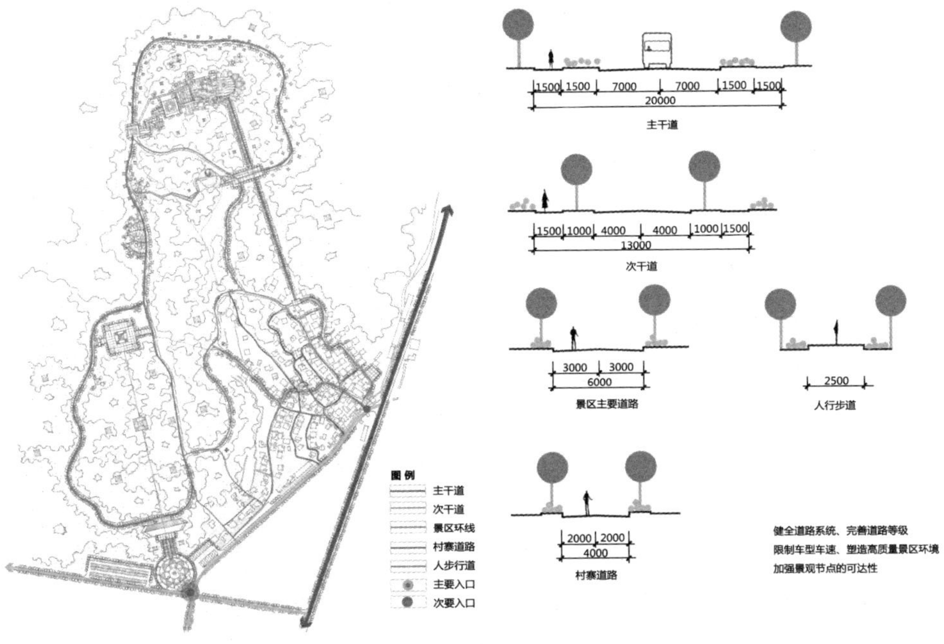

图 1.9.3 道路系统规划图

（三）给水排水

1. 给水工程

（1）给水设施现状

现已初步开发的傣寨游览区和白塔游览区配备了给水设施，但水管口径不足且设施老旧，随着游客量的逐渐增多，将难以保障村民及游客的用水需求。与此同时，菩提游览区、雨林游览区和美女井景区还没有现代化给水设施。

（2）给水设施目标

充分利用现有工程设施，统一规划建设供水系统。同时，按照旅游区高起点、高标准发展要求，合理选取用水标准及水源，针对取水、输水、净水、配水等给水系统要素，实施提升改造工程，使整个给水系统经济合理、安全可靠。

（3）给水设施建设

曼飞龙白塔旅游区给水设施建设应做到以下几点：

一是分区分散给水。整个旅游区分区供水，分片建设小型水厂或蓄水池，确保水质符合相关国家标准。

二是加强水源保护。对水源地进行严格保护和管理，在取水点一定范围内不允许开发旅游项目。

三是合理测算给水量。根据旅游区建设不同时段以及各旅游功能区常住人口数量和游客接待量等实际情况，合理调控给水量。

四是增加供水管道。根据各功能区不同情况，安装 DN400、DN300、DN200、DN150、DN100 等不同标准尺寸的给水管。

2. 排水工程

（1）排水设施现状

曼飞龙白塔旅游区目前使用的是雨污合流排放系统，这意味着污水直接排放到南阿河里，部分排水甚至直接进入农业灌溉系统。由于沟道、管渠不畅，排水经常受阻，这样很容易在旅游区内形成大面积滞水，尤其是在雨季。

（2）排水设施目标

以统筹安排、因地制宜、分期实施为基本原则，根据自然条件和排水工程现状，合理确定排水体制；积极治理污水，最大限度地减少污水对河流水及土地的污染；综合考虑污水系统总体布局，合理确定污水处理厂位置和出水口位置，用较少的投资达到较好的环境美化效果。

（3）排水设施建设

曼飞龙白塔旅游区排水设施建设应做到以下几点：

一是建设污水处理设施。在五个旅游功能区分别修建污水处理设施，让污水经过一级处理后进入旅游区总污水管道，经集中处理达到相关标准后再排放。

二是排水采用分流制。旅游区内雨水天然径流按原自然地形排放，或采用道路边沟就近排放；旅游区内的生活污水则采用排水暗管，经处理达标后方可排放。

三是增加排污管道。根据实际情况，雨水管、污水管选用DN400、DN300、DN200、DN150、DN100等不同标准尺寸的排水管进行安装。

（四）电力电信

1. 电力工程

（1）电力设施现状

傣寨游览区和白塔游览区均拥有较为完善的供电线路，其供电设施目前还能够满足当地居民及少数旅游者的需要，而其他游览区需要新建供电线路。与此同时，随着旅游区进一步开发建设，各游览区的用电量将会增加，旅游区需要提高供电电压，升级各游览区输电变压器。

（2）电力工程目标

立足于旅游区长远发展的用电保障，电力工程设施建设应该体现一定的前瞻性，为供电能力留有余地；完善各游览区供电系统，尤其是新建游览区的电网系统，确保电力供应的稳定性；电力设施应与旅游区环境相协调，在保障电力设施安全可靠基础上做得美观实用。

（3）电力工程建设

电力工程建设应做到以下几点：

一是增加供电能力。随着项目建设逐步推进和旅游接待规模不断增长，旅游区需要搭建10kV高压线路，并配置变电站和调压站，以便增加供电能力。

二是实施路灯亮化工程。旅游区内主要道路须设置路灯照明，灯具选择应结合旅游区特点，并与环境相协调；路灯供电可采用太阳能等天然能源，而照明线路采用直埋敷设。

三是注重节能安全。供配电线路、设备均应采用国际先进低损耗设备，以便节约电能；供电线路宜采用地埋式电缆，以提高安全性。

2. 电信工程

（1）电信通信现状

目前旅游区内已建有移动信号接收塔，移动通信总体流畅，但部分地区仍处于信号盲点区域。此外，旅游区内还没实现Wi-Fi网络全覆盖，且网络可靠性有待提高。

（2）电信通信目标

电信通信建设以满足旅游区发展需要为目标，按照“统一规划、统一建设、邮电专用”的基本原则，不断提高通信能力和技术水平；综合协调邮电通信设施与其他设施建设，避免其他设施对通信网络的干扰，保证通信线路安全畅通。

（3）电信通信建设

电信工程建设应做到以下几点：

一是通信管道建设。通信管道建设应与道路建设同步进行，并对通信主干电缆、光缆进行直埋敷设。

二是建立现代化通信网。按照高起点、高速度、高效能、智能化等标准，建成通信能力强、业务类别多、运行效率高、安全可靠、质量优良的现代化通信网。

三是开通国内外长途电话。民宿住宿点采用总机形式，而游览区、管理处等采用直拨形式。

十、专项规划

（一）旅游容量

旅游容量一般是指特定区域的资源与环境状态在未受到不可接受的破坏水平时所能达到的旅游活动规模水平。根据《旅游规划通则》（GB/T 18971—2003）附录 A 对旅游区旅游容量测算的表述与要求，旅游容量包括空间容量、设施容量、生态容量和社会心理容量四类。对于一个旅游区而言，日空间容量与日设施容量的测算是最基本的要求。研究团队在综合考虑景点分布、游览方式、地形地貌等各方面因素基础上，重点对曼飞龙白塔旅游区的日空间容量和日设施容量进行测算，二者之和即为曼飞龙白塔旅游区的日旅游容量。

1. 日空间容量

（1）测算方法

根据《旅游规划通则》日空间容量计算方法，假设某游览空间面积为 Xi 平方米，在不影响游览质量的情况下，平均每位游客占用面积为 Yi 平方米 / 人，日周转率为 Zi，即景点全天开放时间（一般取 $8h$）/ 游完景点所需时间。则该游览空间日容量为：

$$Ci=Xi \times Zi/Yi \text{（人）}$$

旅游区日空间总容量等于各分区日空间容量之和，即：

$$C=\sum Ci=\sum Xi\times Zi/Yi$$

（2）测算标准

在上述公式中，平均每位游客占用面积（*Yi*）和日周转率（*Zi*）的准确测算是难点，这两个指标往往根据不同地方、不同类型的旅游区而定。以平均每位游客占用面积为例，按照田里、李常林编著的《生态旅游》一书中对生态旅游环境容量的单位界定，荒野：5 人 / 公顷，即 2000m^2/ 人；森林公园：15 人 / 公顷，即 667m^2/ 人；国家公园：15~70 人 / 公顷，即 143~667m^2/ 人；露营：300 人 / 公顷，即 33m^2/ 人；野餐和郊游：300~600 人 / 公顷，即 17~33m^2/ 人①。而根据章海荣所著的《旅游审美原理》一书，陆地平地旅游容量为 2m^2/ 人，山地游容量为 4m^2/ 人，水面游容量为 8m^2/ 人②。

借鉴上述标准，结合旅游区的实际情况，研究团队将曼飞龙白塔旅游区各旅游功能区平均每位游客占用面积的标准确定为 10~20m^2/ 人。

（3）日空间容量测算

曼飞龙白塔旅游区总面积大约为 738500m^2，其中可游览面积 65000m^2 左右，非游览面积 673500m^2 左右。在可游览区面积中，菩提游览区（平地和山地各占一半）约占 12000m^2，傣寨游览区（平地为主）约占 13000m^2，雨林游览区（山地为主）约占 11500m^2，白塔游览区（山地为主）约占 18500m^2，美女井景区（平地为主）约占 10000m^2。据测算，曼飞龙白塔旅游区的日空间容量为 4096 人次，如表 1.10.1 所示。

表 1.10.1　曼飞龙白塔旅游区日空间容量

旅游功能区	游览面积（m^2）	人均占用面积（m^2/人）	日周转率	日空间容量（人次）
菩提游览区	12000	15	1.0	800
傣寨游览区	13000	10	0.9	1170
雨林游览区	11500	20	1.0	575
白塔游览区	18500	20	1.1	1018
美女井景区	10000	15	0.8	533
合计	65000	—	—	4096

① 田里，李常林 . 生态旅游［M］. 天津：南开大学出版社，2004.

② 章海荣 . 旅游审美原理［M］. 上海：上海大学出版社，2002.

2. 日设施容量

（1）测算方法

日设施容量的计算方法与日空间容量的计算方法基本类似，曼飞龙白塔旅游区主要测算的是住宿和餐饮设施。根据《旅游规划通则》提供的计算方法，假设一个旅游设施的座位（或床位）数为 Xi，日周转率为 Yi，则日设施容量为：

$$Ci=Xi \times Yi$$

旅游区日设施总容量为：

$$C=\sum Ci=\sum Xi \times Yi$$

其中旅游接待设施，如宾馆、疗养院的日间系数（Yi）建议为0.4。

（2）日设施容量测算

①住宿设施日容量测算

曼飞龙白塔旅游区规划建设的住宿设施主要有两种：农家乐和户外营地，预计床位总数为 250 个，其中农家乐 100 个、户外营地 150 个。从表 10.1.2 可知，曼飞龙白塔旅游区住宿设施的日容量为 100 人次（表 1.10.2）。

表 1.10.2　曼飞龙白塔旅游区住宿设施日容量

接待设施类型	床位总数（个）	周转率	日容量（人次）
农家乐	100	0.4	40
户外营地	150	0.4	60
合计	250	—	100

②餐饮设施日容量测算

曼飞龙白塔旅游区规划建设的餐饮设施主要有三种：主题餐厅、农家乐和烧烤广场，预计座位总数为 500 个，其中主题餐厅座位 100 个，农家乐座位 150 个，烧烤广场座位 250 个。从表 1.10.3 可知，曼飞龙白塔旅游区餐饮设施的日容量为 625 人次（表 1.10.3）。

表 1.10.3　曼飞龙白塔旅游区餐饮设施日容量

接待设施类型	座位总数（个）	周转率	日容量（人次）
主题餐厅	100	1.5	150
农家乐	150	1.5	225
烧烤广场	250	1.0	250
合计	500	—	625

将住宿设施日容量和餐饮设施日容量加总，即可得出曼飞龙白塔旅游区的日设施总容量为 725 人次。

根据《旅游规划通则》中关于旅游容量的计算法则，将日空间容量与日设施容量加总，即可得出曼飞龙白塔旅游区的日旅游容量为 4821 人次。

（二）环境保护

1. 环境保护目标

坚持保护优先、开发有序、永续利用的基本原则，处理好开发与保护的关系。在对曼飞龙白塔旅游区的生态环境、自然资源以及民族、宗教文化进行严格保护的基础上进行合理开发利用，实现旅游区经济效益、社会效益、生态效益相统一，使曼飞龙白塔旅游区成为西双版纳自然生态环境优良、传统文化特色鲜明、社会经济发展可持续的旅游示范区（见图 1.10.1）。

2. 保护范围与等级

研究团队将曼飞龙白塔旅游区分为以下三个等级的保护区域，即一级保护区、二级保护区和三级保护区。

一级保护区：曼飞龙白塔及其周边地区。曼飞龙白塔为国家级重点文物保护单位，加强对其以及周边的佛教设施和佛祖塑像进行保护，严禁任何破坏性旅游开发。

二级保护区：山体和森林保护。包括曼飞龙村寨后山以及各种林地，加强对森林植被进行保护，禁止乱砍滥伐，禁止对山体进行不合理的旅游开发，并做好森林防火措施。

三级保护区：指一级和二级保护区以外的区域。

3. 分区保护措施

（1）一级、二级保护区内禁止新建、改建和扩建工业及其他不符合旅游区规划的项目；三级保护区内禁止新建工业项目。

（2）旅游区内新建、改建、扩建各种设施和建设项目以及民用建房，应当符合旅游区规划，经旅游区管理机构审批方可建设。

（3）旅游区内统一规划建设配套管网和生活污水处理、生活垃圾收集处理等方面的设施，防治环境污染；同时，要统筹安排供水、排污、通信、电力等基础设施的地下管网建设。

（4）旅游区内的农家乐、客栈应当建有餐饮隔油池、污水处理设施和垃圾收集设施，设施不配套或者不能正常运行的，不得经营。

整体开发强度南面，北面和东面高，西面和中间低。

开发强度为：0---0.4
主要分布在雨林游览区、菩提游览区、白塔游览区、傣寨游览区

开发强度为：0.4---0.8
主要分布在雨林游览区、菩提游览区、白塔游览区、

开发强度为：0.8---1.4
主要分布在雨林游览区、菩提游览区、白塔游览区

开发强度为：1.4---1.8
主要分布在傣寨游览区、菩提游览区、白塔游览区

开发强度为：1.8---2.2
主要分布在傣寨游览区

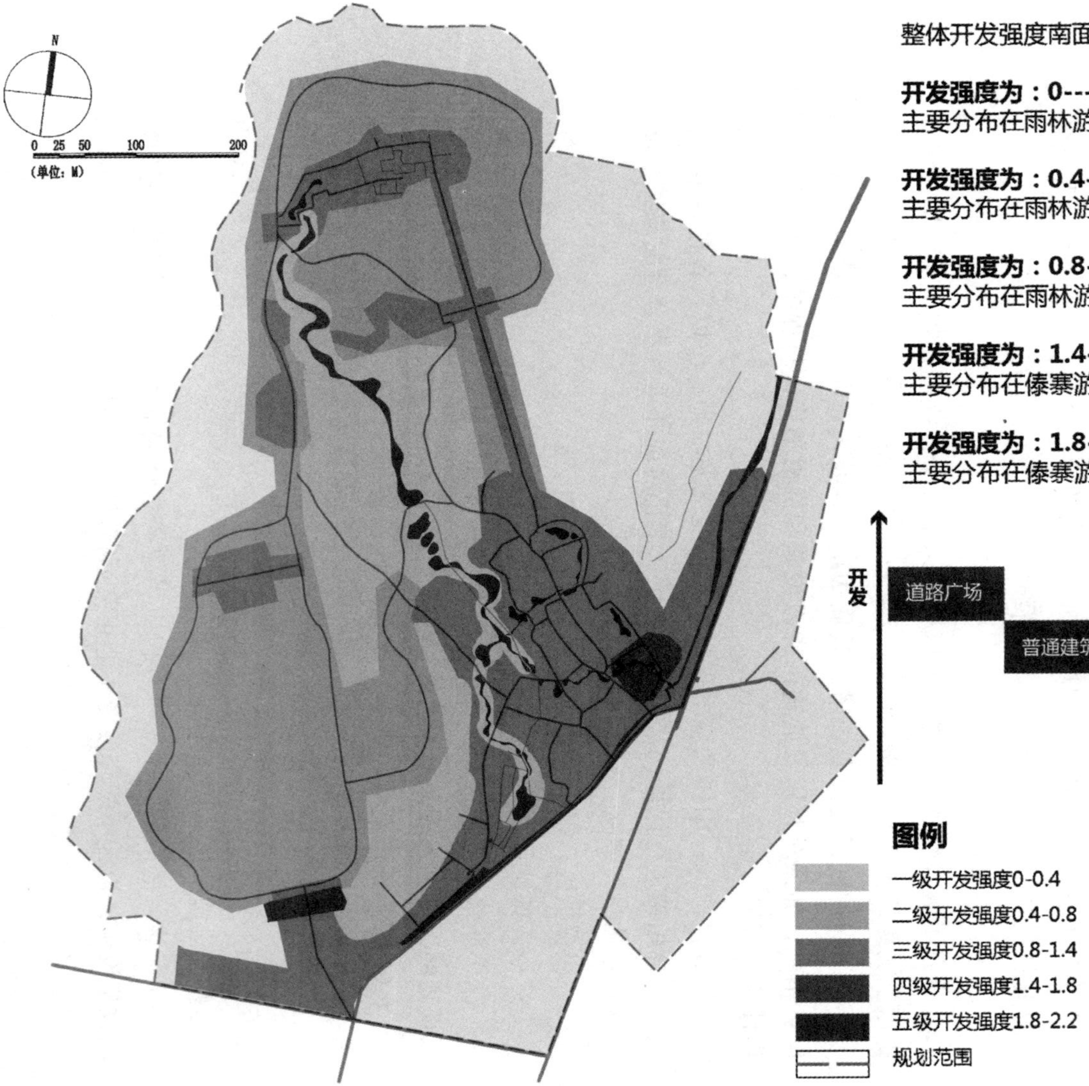

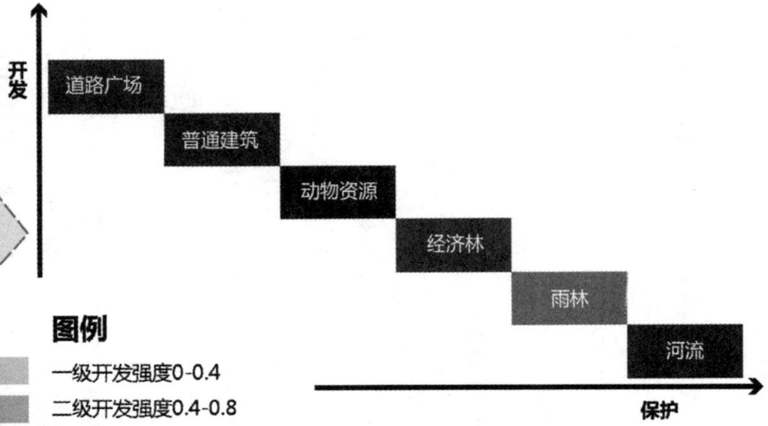

图 1.10.1　保护与开发规划图

（三）社区调控

1. 调控原则

曼飞龙白塔旅游区位于曼飞龙村，要实现旅游可持续发展，最重要的就是处理好旅游区与社区居民之间的关系，以利益共享、科学引导为基本原则，做好社区调控措施。

（1）利益共享原则

旅游区内允许有意愿、有条件且有能力的家庭建设农家乐、客栈等旅游接待设施，但是在总量上应当加以控制；同时，旅游区与社区居民之间要建立合理的利益分配机制，以合同的形式明确旅游区与社区居民之间的利益分配关系。

（2）科学引导原则

目前，曼飞龙村的经济收入主要来源于农业，产业结构有待优化提升。对此，旅游区或者相关部门要进行科学引导，使乡村产业结构与旅游业发展相互适应，通过旅游开发引导乡村产业发展由生产型向服务型转型，发展以旅游业为龙头的服务业，实现劳动力向服务业转移。

2. 调控措施

（1）严格控制旅游区常住人口数量

根据乡村发展旅游业要求划定无居民区、居民衰减区和居民控制区。无居民区内不准常住人口落户；居民衰减区分阶段逐步减少常住人口数量；居民控制区分阶段、分区域确定允许居民数量的控制指标。

（2）分区分类实施民居建筑风貌调控

旅游区内村寨建设应该符合旅游规划和村镇规划有关规定，根据保护、控制、改造等方式，对不同类型建筑实施相应的建设方案，并提出具体的对策和要求（见图 1.10.2）。

（3）积极建设旅游区的基层社会组织

加强对乡村社区这一旅游区内基层社会组织的建设并逐步完善其社会功能，发挥它在保护旅游资源、维护社会治安、参与旅游开发与管理、宣传环保意识和法制观念等多方面的积极作用。

（四）防灾安全

为确保旅游区内人身、财产、设施安全，保障游客生命和财产安全，必须采取相应的预防保护措施，具体包括防火安全、救护安全、治安安全、游览安全等方面。

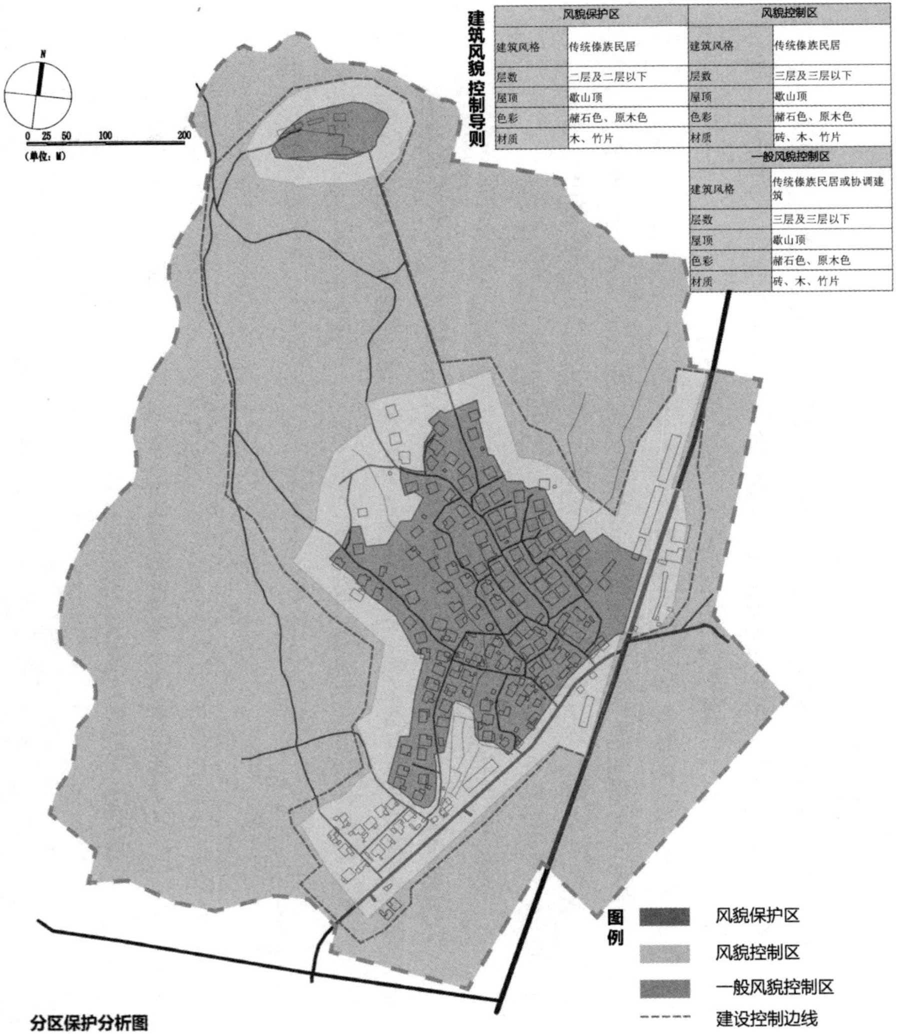

分区保护分析图

建筑风貌控制导则

风貌保护区		风貌控制区	
建筑风格	传统傣族民居	建筑风格	传统傣族民居
层数	二层及二层以下	层数	三层及三层以下
屋顶	歇山顶	屋顶	歇山顶
色彩	赭石色、原木色	色彩	赭石色、原木色
材质	木、竹片	材质	砖、木、竹片

一般风貌控制区	
建筑风格	传统傣族民居或协调建筑
层数	三层及三层以下
屋顶	歇山顶
色彩	赭石色、原木色
材质	砖、木、竹片

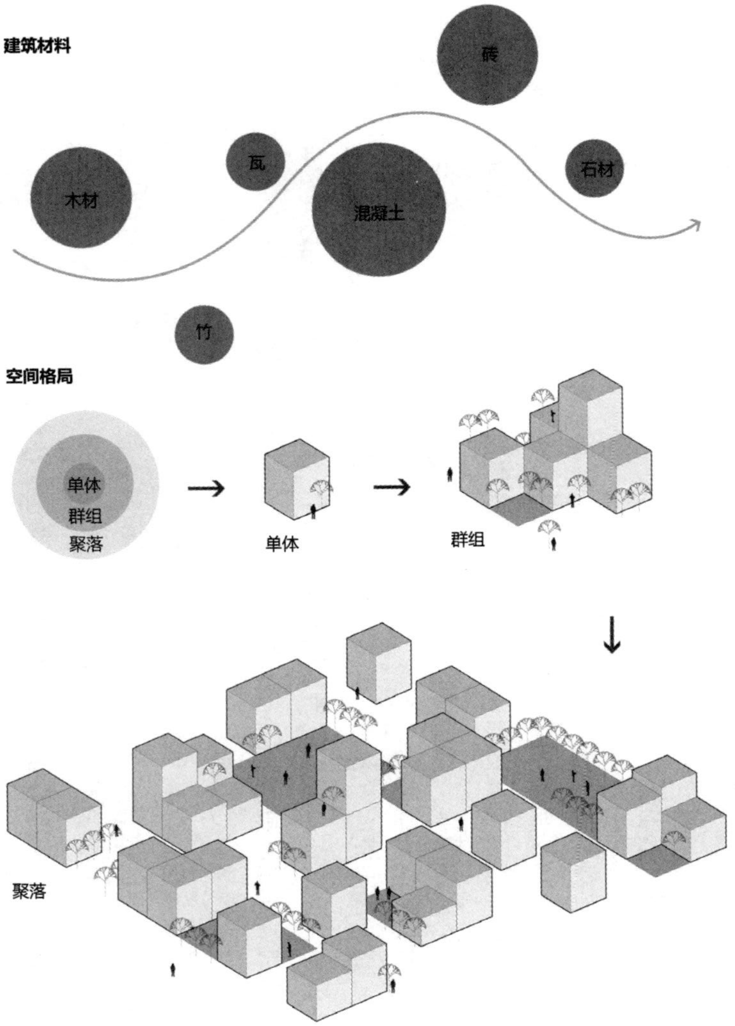

图 1.10.2　建筑风貌控制规划图

1. 防火安全

火灾防范是保障旅游活动安全的基本要求，旅游区内部及周边拥有大面积的森林，需要切实做好森林防火安全措施。

（1）制定防火安全制度

制定旅游区消防管理制度，实施责任追究制度和奖惩制度，定期对所有管理人员、服务人员开展消防知识宣传教育、培训演练等方面的活动。

（2）贯彻预防为主方针

根据国家有关防火规范要求对各功能区和接待点配置消防设施设备，建立具体的管理和检查制度，确保各种设备安全运行。与此同时，结合旅游区道路建设情况，修建防火通道；结合旅游区供水设施，完善森林消防系统。

（3）建立防火监控系统

利用现代科技手段对森林进行实时监控和预测，并对火灾隐患进行及时处理。定期或不定期对旅游区火灾易发地进行督查，同时严格管理和控制易燃、易爆和化学危险品，以便对森林火灾及各种危害进行有效防范。

2. 救护安全

为确保游客的人身安全，旅游区必须建立健全良好的医疗卫生体系，并做好以下两个方面的工作：

（1）建立完善的救护系统

在每个游览区分别设立一个医疗急救点，配置必要的医护人员、基本设备和常用药品。在旅游旺季还要增设专职医务人员，确保事故发生后患者能够得到及时救护。

（2）设置医疗卫生标识牌

在服务指南和旅游区全景图中标明医疗急救点的位置，相关标牌的制作和设置要符合国家或行业规范，且容易被游客发现。

3. 治安安全

（1）做好治安和防范工作

旅游区要认真执行公安、交通、旅游等有关部门出台的安全保卫制度，消除一切对人身安全构成威胁的隐患。制定相应的应急方案和工作制度，能有效并快速地处理盗窃、暴力犯罪等各种突发事件。

（2）设置治安保卫处

旅游区要设立治安保卫处，配备专职治安人员值班，为游客安全提供保障。

4. 游览安全

（1）设置安全标志

建立完善的标识标牌系统，特别是要在旅游区危险或不宜进入的地段、场所设置明显的警示标牌。

（2）配备安全设施

在危险区域修建必要的安全护栏，并加强对护栏进行定期检查，确保设施安全运行。建设游客疏散通道和紧急逃生出口，并做好紧急情况下的安全防范措施。

（3）培训工作人员

旅游区应定期对管理人员和服务人员开展安全培训与教育工作，从服务意识、救助技能、职业道德等多方面提升相关人员的职业素养。

（五）市场营销

1. 营销目标

在客源市场营销方面，曼飞龙白塔旅游区应坚持“稳近拓远、固老拓新、突出重点”的营销方针，采取“政府重视、企业运作、媒体关注”的营销思路，一期目标市场主要针对西双版纳州、普洱市、红河州、昆明市等省内近距离市场；二期目标市场主要针对云南省其他州市以及四川、重庆、贵州等相邻省份市场以及京津唐、长三角、珠三角等距离较远、经济发达地区客源市场，乃至东南亚、南亚等国外客源市场。

2. 营销计划

根据规划年限和营销目标，将曼飞龙白塔旅游区的市场营销工作分为两个阶段：

（1）第一阶段（2017—2019年）

品牌提升。这一时期的营销重点是加大营销投入，综合运用各种营销手段，密集参加省内外旅游宣传活动，努力打造旅游区“千古笋塔，南传古刹”的整体旅游形象，以此促进旅游区知名度大幅提升。

（2）第二阶段（2020—2021年）

品牌强化。通过深入挖掘宗教、民族文化内涵进一步丰富旅游产品，为旅游区持续注入新活力。在此基础上，深入开展有针对性的营销活动，尤其要充分发挥公共关系在营销中的作用，从而不断强化旅游区的品牌形象。

3. 营销渠道

（1）传统营销渠道

传统营销是指通过层层严密的渠道，并以大量人力与广告投入市场，从而达到满足现实或潜在的市场需求的综合性经营销售活动过程。传统营销方式虽然有许多不足的地方，但目前仍然是开展旅游促销的重要手段。曼飞龙白塔旅游区除了借助传统旅行社来吸引客源之外，还应加强与其他社会团体和组织之间的联系，如佛文化研究中心、汽车俱乐部等，争取吸引更多的游客。

（2）影视营销渠道

借助影视作品开展营销活动的方式，近年来被越来越多的旅游区所采用，并产生了事半功倍的效果。例如，2010年张家界借《阿凡达》悬浮山原型地炒作“南天一柱”更名一事，给张家界旅游区直接带来的好处便是第一季度游客同比增长三成，而且游客量的增长还在持续中。曼飞龙白塔旅游区可以采取以下方式进行影视营销：一是与《爸爸去哪儿》《爸爸回来了》等一些知名综艺节目开展业务合作，通过综艺节目的强大收视率宣传旅游区；二是聘请本地区的影视明星作为旅游区代言人，利用名人效应来扩大旅游区的影响力。

（3）网络营销渠道

网络营销是在网络时代下出现的一种新型营销理念和营销方式，主要借助互联网络、电脑通信技术和数字交互式媒体来实现营销目标。旅游网络营销具有沟通成本低、信息传递速度快、可提供个性化服务等众多优点，因而越来越受到游客的欢迎。曼飞龙白塔旅游区可建立自己的官方网站，实现在线发布旅游产品信息、推广旅游区品牌形象等基本功能；同时根据市场需要发展更多功能，如搭建起健全的网上营销平台，为旅游者提供咨询、预订、支付等各种方便快捷的服务。

（4）联合营销渠道

旅游区除了依靠自身力量之外，还要善于整合周边资源，与其他景区景点进行合作，积极开展联合营销，彼此建立起新型的竞合关系，以此实现客源市场的共享。例如，曼飞龙白塔旅游区可以跟西环线上的东风农场、知青文化园、勐龙黑塔、百丈崖瀑布、打洛旅游小镇等开展联合营销，以此来整合西环线上的旅游资源，形成沿线景区联动，从而带动区域整体发展。还可以跟周边同类型的旅游区建立合作联盟，一起对外开展以南传佛教文化为主题的市场营销。

4. 营销策略

（1）整合营销

在信息披露的广度、深度方面，整合营销方式具有单一营销所不能比拟的优势。旅游区应该理性认识各种营销方式的优、劣势，善于将多种营销方式整合利用，包括电视广告、公共关系、人员推广、户外媒体、网络营销等。

（2）品牌营销

品牌营销是通过市场营销使客户形成对旅游区品牌的认知过程，即利用品牌符号，把无形的营销网络铺建到旅游者心中。品牌营销的关键点在于为品牌找到一个具有差异化个性、能够深刻感染旅游者内心的品牌核心价值，从品牌个性、品牌传播、品牌销售、品牌管理等角度开展品牌营销，从而构建旅游区的品牌形象。

（3）OTA 营销

易观产业数据库发布的《中国在线度假旅游市场季度监测报告》显示，2016 年第一季度，中国在线旅游的市场规模达到 1557.1 亿元人民币，同比增长 58.9%，环比增长 14.7%。显然，目前国内的在线旅游市场规模巨大且还有很大的拓展空间。曼飞龙白塔旅游区要抓住在线旅游市场迅猛发展的契机，积极与携程、同程、艺龙、去哪儿等在线旅游代理商（OTA）开展业务合作，将旅游产品打包上线，构建“线上 + 线下”一体化营销模式。

（4）公关营销

旅游公共关系是一项系统工程，需要旅游区同各级政府部门、相关旅游企业、周边景区景点、旅游从业人员以及当地社区居民建立和谐的关系，从而树立起旅游区良好的旅游形象。建议采取如下具体措施：一是积极争取各级政府（尤其是县乡一级政府）在政策、资金等方面给予大力支持；二是努力跟西双版纳乃至云南省内的旅游企业及有关组织建立广泛而又稳定的业务关系；三是在西双版纳州范围内积极举办节庆活动，邀请州内乃至省内旅游景区景点负责人及旅游从业人员参加，并借此机会同他们建立良好的合作关系；四是协调好与当地社区居民的利益关系，让社区居民参与旅游经营管理并从中获得实惠。

（5）体验营销

在体验营销中，旅游区的角色就是搭建舞台、编写剧本，游客的角色就是演员，联系二者利益的纽带则是旅游体验。旅游区要想获取一定的利益，就必须满足游客的需求，为游客提供满意的剧本和舞台。曼飞龙白塔旅游区在市场开拓阶段，可以借助美学营销、娱乐营销、生活方式营销、氛围营销、文化营销等新型的体验营销方式为游客搭建深度感受、接触旅游区的平台，进而使旅游区的美好形象逐渐深入游客心中。

（6）节庆营销

依托丰富多彩的文化资源，曼飞龙白塔旅游区应积极争取主办、承办或创办各类大型的、不同主题的节庆活动，如傣族泼水节、户外露营节、傣族非遗文化节、南传佛教文化节等。组织开展各类节庆活动时，要注意吸引本地民众和外地游客的广泛参与，并着力打造“体验傣族文化、尽在曼飞龙村”“与佛结缘、沐浴佛光”等形象宣传口号。

十一、实施保障

（一）建设时序

1. 建设动态定位

按照优先开发、分期建设的发展思路，综合考虑项目的建设条件、投融资情况等因素，研究团队将曼飞龙白塔旅游区的建设周期分为两个阶段：

（1）一期（2017—2019 年）

建设提升期。本期建设着重培育旅游区的核心竞争力，提升旅游品牌形象，重点建设菩提游览区、傣寨游览区、雨林游览区、白塔游览区及相关配套设施。

（2）二期（2020—2021 年）

建设完善期。本期建设着重加强管理、提升服务质量，重点建设美女井景区及相关配套设施。

2. 分期建设项目

根据规划，各个旅游功能区的项目建设时序如表 1.11.1 所示：

表 1.11.1 项目建设时序

主要区域	一期	二期
菩提游览区	●	
傣寨游览区	●	
雨林游览区	●	
白塔游览区	●	
美女井景区		●

（二）投资估算

1. 估算依据

本估算包括规划的旅游项目工程、基础设施工程、环境保护工程、搬迁费用和其他项目经费。估算的主要依据包括：

（1）建筑安装工程投资

参照云南省现行的建筑工程概（预）算定额，并结合当地已建成的类似项目的投资标准和项目的实际情况进行估算。

（2）道路建设工程投资

参照交通部颁布的公路工程预算定额，并结合当地近年来建设同等级公路的造价指标确定。

（3）供电、通信、给排水等工程投资

参照国家相关行业的投资估算编制办法，并结合当地实际造价指标进行估算。

（4）其他工程费用

主要包括规划设计、宣传促销、培训教育、建设管理等。

2. 投资估算

曼飞龙白塔旅游区项目总投资4970万元。一期开发建设61个项目，需投资3400万元，占项目总投资约70%；二期开发建设8个项目，需投资1570万元，所占比例约为30%（见表1.11.2）。

表1.11.2 投资估算汇总表

功能分区	主题板块	主要项目	投资（万元）	分期
菩提游览区	集散中心	白象广场	80	1
		双象迎宾	40	1
		景区大门	100	1
		“卍”字艺术	20	1
		生态蕉林	40	1
		服务中心	250	1
		香蕉主题餐厅	60	1
		生态停车场	100	1
		生态卫生间	50	1
傣寨游览区	佛悦傣寨	奘房礼佛	20	1
		经文传习所	20	1
		诵经布道	20	1
		“摆旱尚”	20	1
		天灯祈福	20	1

续表

功能分区	主题板块	主要项目	投资（万元）	分期
傣寨游览区	醉美傣寨	祭祀寨心	20	1
		傣味斋	60	1
		傣家竹楼	100	1
		创意花房	30	1
		村史馆	50	1
		赶摆广场	50	1
	工艺傣寨	慢轮制陶坊	30	1
		纸艺工坊	30	1
		手工织锦坊	30	1
		银器作坊	30	1
		章哈演艺坊	30	1
		傣药疗馆	30	1
雨林游览区	播佛颂法	鹿苑传教	60	1
		佛陀说法	30	1
		采花献佛	30	1
	修佛静心	精致竹园	70	1
		竹林精舍	100	1
		版纳甜笋	20	1
	佛化众生	佛化无恼	30	1
		教化猎人	30	1
		度化波摩	30	1
		点化比丘	30	1
		驯服醉象	30	1
		灵蛇护佛	30	1
		割胶表演	30	1
		空中步道	100	1

续表

功能分区	主题板块	主要项目	投资（万元）	分期
白塔游览区	躬临佛境	孔雀台	100	1
		佛缘之路	100	1
		圣水迎宾	20	1
		名塔荟萃	500	1
	仰望佛塔	祭拜佛塔	20	1
		品味圣泉	20	1
		赕塔赕佛	40	1
		礼佛体验	20	1
		夏令佛修营	20	1
		菩提平台	150	1
		放生池	50	1
白塔游览区	布施佛像	佛光普照	60	1
		九龙浴佛	50	1
		菩提祈福树	30	1
		莲花灯展	30	1
		神鸟神兽园	50	1
		解忧阁	60	1
	启慧佛园	五树六花	50	1
		佛典故事	30	1
		佛门语录	30	1
		谜语竞猜	20	1
美女井景区	甜美傣寨	司水女神	30	2
		美女广场	100	2
		天降圣水	20	2
		美女挑水	20	2
		户外营地	800	2

续表

功能分区	主题板块	主要项目	投资（万元）	分期
美女井景区	甜美傣寨	烧烤广场	200	2
		花海田园	200	2
		采摘乐园	200	2

上述项目投资估算需要考虑以下因素：①投资估算不包含土地使用费、预备费、贷款利息等费用；②投资估算仅为市场参考价格，未考虑价格波动因素。

3. 资金筹措

曼飞龙白塔旅游区项目投资周期为2017—2021年，项目建设所需资金较大。为了确保项目建设顺利实施，既要保障资金足额到位，又要做到防止资金过剩，造成资金积压。为此，旅游区应遵循分期建设、滚动发展、逐步完善的原则和“政府主导、市场化运作、多元化投资”的策略，多渠道筹集资金，吸引外资、内资和社会资金参与项目建设。根据旅游区的实际情况，项目建设资金拟从以下几个方面筹集：银行贷款、政府拨款、众筹集资、建设单位自有资金等。

（三）效益分析

1. 经济效益

本项目新增投资近5000万元，将有利于促进当地经济发展；项目建成后将吸引大批游客前来消费，有利于增加当地财政收入；项目将带动农业、手工业、文化产业及其他相关产业的发展，有利于活跃地方经济，优化产业结构。

2. 社会效益

项目建成后预计将为数千人提供直接或间接的就业机会，有利于促进社会和谐稳定；项目的建设将为旅游者搭建一个相互交流、了解当地文化的平台，有利于促进当地文化的发掘、保护和传承；项目的建设将大大地改善当地基础设施条件，有利于提高居民生活质量。

3. 生态效益

项目的实施一方面可以为当地带来直接生态效益，即为发展旅游而实施的环境绿化美化工程，将提升整个区域内的生态环境质量；另一方面，随着旅游活动的不断开展，生态环保、绿色发展等观念将日益深入人心，人们的环境保护意识将更加强烈，从而有利于促进自然生态的可持续发展。

（四）保障措施

1. 政策保障

旅游项目的建设离不开政府的大力支持，因而在项目的建设过程中应当以国家政策为准绳，结合地方实际制定配套政策，从而推动当地旅游发展和项目招商引资。

（1）财政税收政策

对旅游建设项目，在征收固定资产投资方向调节税时，可适当降低税率；区域内新建的旅游项目达到一定规模时，对其投资主体给予减免部分税收或提供资金补贴的优惠；对于重点发展产业范围内的各大企业给予诸如“三年免税、五年减半”的税收优惠。

（2）土地使用政策

对纳入旅游发展总体规划、符合土地利用规划、符合国家土地政策的旅游项目，酌情减缴土地有偿使用费；利用区域内的荒山、荒坡、荒林进行旅游项目开发的，可以无偿享有土地使用权；有效平衡旅游用地和其他用地之间的关系，为重点旅游项目提供优先占地权。

2. 组织保障

有效的组织管理是旅游项目建设不可或缺的重要条件。依靠强有力的组织管理措施，不仅可以提高项目的开发建设效率，还可为项目顺利实施创造条件。

（1）成立项目建设领导组

成立以相关分管领导为组长，相关职能部门领导为成员的旅游项目建设领导小组。领导小组对项目建设进行统一部署，综合决策，协调相关部门做好项目规划、招商引资、投资建设、运营管理等工作，广泛争取社会各界的支持和配合，以确保项目建设顺利完成。

（2）成立项目咨询专家组

为确保整个旅游项目的建设有序推进，可充分借助外部专家的智库力量，邀请省内外规划建设、旅游管理、文物保护、宗教文化等方面的专家学者，成立项目咨询专家组，以便为项目建设把好关。

（3）成立项目推进委员会

组建一个旅游项目推进委员会，主要负责项目开发建设过程中的工作推进和监督管理，为旅游区内各功能区之间的协作与配合提供强有力的组织保障。

3. 技术保障

曼飞龙白塔旅游区要建成智慧型南传佛教文化旅游区，需要现代物联网、云计算等新技术，更需要这些新技术对旅游区进行全方位、立体化、多层次的渗透。

（1）管理系统的信息化控制

建立基础服务系统的智慧化控制，如实施进门系统、景点控制、客流监控、治安防控等信息化管理。

（2）游览系统的电子化导游

建立导览观光过程的智慧化操作，如建立电子导游系统、展示和讲解系统。

（3）景点游览展演的高科技应用

利用现代虚拟技术、仿生仿真技术等高科技手段全方位、立体化地展示佛教文化、傣族风情。

（4）营销系统的电子商务服务

建立营销的电子商务系统，打造一个集展示、预订、销售、问询、投诉等多种功能于一身的互动型电子商务平台。

第二部分　专题报告

一、南传上座部佛教

（一）何谓上座部佛教

南传佛教，因为是由印度本土向南传播到斯里兰卡、缅甸、泰国等地而形成的佛教体系，在地理位置上处于印度之南，故称“南传佛教”。又因其主要流传于东南亚、南亚一带地区，故也称为“南方佛教”。然而，南传佛教的规范称呼应该为“上座部佛教”，这是南传佛教内部和国际上通用的名称。上座部，巴利语 Therav ā da 的意译，由“上座”和“部”组成。

“上座”，巴利语 thera，又作长老。依戒律的角度，凡出家达上满 10 个瓦萨（vassa，戒龄）或以上的比库，称为“长老”，满 20 个瓦萨或以上的称为“大长老”。在经典中则把 thera 作 thira 解释，其意为稳固、坚固。

“部”，巴利语 vāda 的意译，直译为说、论，即学说、观点、主张的意思，引申为学派、宗派、部派。因此，“上座部”的意思是长老们的观点、上座们的学说。

（二）上座部佛教特色

与汉传佛教和藏传佛教比较起来，南传上座部佛教有很多富有特色的地方。

1. 只尊奉释迦牟尼佛

汉传佛教信奉诸多的佛、菩萨、罗汉、金刚、祖师、诸天鬼神等，例如阿弥陀佛、药师佛、观世音菩萨、地藏菩萨等。藏传佛教则有更庞大的神佛体系，除了诸佛、菩萨以外，还有金刚、明王、度母、空行母、各派祖师、护法神等，可谓数不胜数。但是，当我们走进南传佛教寺院，会发现只供奉释迦牟尼佛。因为上座部佛教只礼敬、尊奉历史上的果德玛佛陀，并视其为导师，不崇拜菩萨、祖师、护法等。

2. 只依巴利三藏

“三藏”指的是经藏、律藏、论藏三种类别的经典。汉传佛教的经典总汇叫《大藏经》，藏传佛教则分为《甘珠尔》和《丹珠尔》两大部分。里面除了收录小乘三藏之外，还有大量的大乘经典，诸如《华严经》《法华经》《金刚经》《楞严经》等，此外还收录了历代祖师大德撰写的名目繁多的论典。而上座部佛教所传承的经典，是在公元前 3 世纪无忧王时代即已经定型的巴利语三藏圣典，以及解释这些圣典的义注和复注。在数量上，大概只有北传经典的十几分之一。

3. 使用巴利语

南传上座部佛教所使用的经典语言是巴利语。“巴利”（Pāḷi）原来并非语言的名称，而是“圣典”“佛语”的意思。巴利语属于古印度马葛特（Magadha）地区的方言。佛陀在世时，这一带地区所使用的语言叫马葛提语（Māgadhī）。后来，以马葛提语为载体的佛教经典传到了斯里兰卡、缅甸、泰国等地。虽然这些地区原来都有自己的民族语言，但为了表示对圣典的尊重，当地的长老比库们不敢随意改变佛陀的语言，于是直接用马葛提语来传诵经典。直到现在，比库们在诵经的时候并不用自己的民族语言，而是用巴利语。

4. 注重戒律细行

讲到持戒，有些人认为要入乡随俗，可以不必拘泥小节，所谓“随方毗尼”。然而，上座部佛教却强调，戒律是佛教的寿命，是修行的基础，因此，上座部佛教有许多看似不合时宜的现象。在此试举一例：上座部僧人身上所披的红褐色、黄褐色的袈裟，必须按照《律藏》的规定进行裁剪、缝制和染色，它保留了佛陀在世时的服装式样。如此，见到上座部僧人，就犹如见到佛陀在世时的圣僧团一样。有位长老曾自豪地说：世界上没有任何一种服装像我们身上的袈裟那样，保持了 2600 年不曾改变。在现代物质文明高度发达的今天，上座部僧人仍然过着托钵集食、离非时食、半月诵戒、雨季安居、行邀请法、作咖提那衣等简单朴素的原始佛教律制生活，正是他们严持戒律、注重细行的修学态度的结果。

5. 禅修次第清晰

上座部佛教难能可贵之处，是它完整地传承了佛陀当年所教导的一整套止观禅修方法，系统严谨，次第分明。禅修者可以通过专注呼吸等方法修习禅定，证得禅那后，借助强有力的定力来培养观智，观照名色法（即物质现象和心理现象）的无常、苦、无我，次第成就十六种观智，乃至今生证悟道果涅槃。虽然佛教流传至今已有 2600 年了，但人们仍然能够依照这些方法，亲自体验各种不同层次的修行境界。

6. 教化社会

上座部佛教认为，弘法利生是出家人的义务。但想要度化众生，自己先须学有所成，修有所证，即先度己后度人。在现代教育尚未普及的年代，南传佛教寺院几乎都是当地儿童接受文化和品德教育的学校。上座部僧人既是知识的代表及道德的楷模，又是积累功德的对象及社会道德的倡导者。上座部佛教流传的地区，几乎都是全民信教的地区，佛教的影响无所不在，几乎渗透到每一个人的生活方式、行为模式、价值观念、人生趣向等方面。当代上座部比库到政府机关、学校、医院、监狱等地弘法教化是司空见惯之事，许多寺院还经常举行各种弘法、禅修、星期日学校、社会公益等活动，有些德高望重的长老甚至经常受邀前往欧美澳等西方国家弘法教禅。上座部僧人自古至今在维持传统、净化人心、和谐社会方面发挥着重要的作用。

二、傣族佛塔文化

（一）傣族佛塔的起源

佛教在发展和演变过程中，形成了三大文化圈，即南传上座部佛教文化圈、藏传佛教文化圈和汉传佛教文化圈。我国云南傣族佛塔，就是以南传上座部佛教文化圈为背景的产物。

按照东南亚上座部佛教编年史记载，当时在东南亚地区具有雄才大略、勇武善战、事业有成的君主都要以阿育王为榜样。如 11 世纪印度的阿兰纳塔、13 世纪斯里兰卡的衣塔卡马尼、15 世纪泰国的泰罗卡加等。而他们对阿育王崇拜效仿的重要一面，就是大建佛塔。

东南亚佛塔在拒绝印度思维的同时，又以印度文化为基础，创造出不同于印度佛塔的，具有新的象征意义的印式佛塔。

在南传佛教盛行的国家，如斯里兰卡、缅甸、泰国、柬埔寨、老挝等都把上座部佛教尊奉为他们的国教，一座座秀丽挺拔的佛塔成为他们传统文化的象征。傣族佛塔就是从缅甸、泰国、斯里兰卡、柬埔寨、老挝等东南亚国家传入我国云南傣族地区的，最先便是在西双版纳“安家落户”。

傣族自古信仰小乘佛教，广建寺塔。傣族寺塔主要分布在西双版纳、思茅、临沧和德宏等傣族聚居区。人们习惯上把流传在云南临沧、德宏、思茅、西双版纳等地区的佛教称为“南传佛教”或“小乘佛教”，把在这些地区建造的佛塔称为“小乘佛塔”“傣族佛塔”或“西双版纳佛塔”。

傣族佛塔的建筑式样自东南亚传入我国云南西双版纳以后，傣族劳动人民对这种外来宗教建筑形式没有完全照搬，而是把这种外来建筑的特点与当地传统建筑的特点相结合并推陈出新，创造出具有区域特征、民族风格的佛塔建筑形式。当然，所有的傣族佛塔均不同程度地受到周边东南亚各佛教国家的影响，其中更多地受到泰国和缅甸佛塔的影响。

（二）傣族佛塔的类型

（1）泰式金刚宝座塔

所谓金刚宝座式佛塔就是在一个塔座上共建 5 座塔，较高大的主塔居中，较主塔小的群塔围绕主塔而立，这是根据大乘佛教金刚界五部五佛的意思而建。泰式金刚宝座塔有一个显著的特征，金刚宝座塔的组合不受塔数的限制，比如曼飞龙白塔由 9 座佛塔组合而成，9 座塔的造型基本一致，与泰国 13 世纪所建南奔马哈特塔十分相似。由于大乘佛教和小乘佛教对金刚宝座塔的意境和内涵有着不同的理解，所以金刚宝座上的佛塔数目不等，内地金刚宝座上的佛塔一般由 5 座组成，而云南泰式金刚宝座上的佛塔远不止这个数，二者悬殊，这是大乘佛教金刚宝座式塔和小乘佛教金刚宝座式塔的主要区分点。其次还在造型、结构、布局等方面均有自己的建筑风格。

（2）缅式钟形佛塔

常见的是在一方形的塔基上，建一个圆形多环状的塔座，座上为一喇叭状的钟体。这种佛塔与我国藏传佛塔造型极为相似，但它不像藏传佛塔那样上部宽平而粗壮，它的上部与塔刹的连接处收分十分自然，轮廓线显得柔美，无僵直之感。塔形明显效仿缅甸的所谓“善卡某”式佛塔，为典型的缅式佛塔。是从古印度窣堵波式佛塔演变而来的，是东南亚佛塔中最常见的一种塔型，云南瑞丽市的姐勒佛塔就属这种类型。

（3）“串”字形佛塔

这种类型的佛塔在云南傣族地区分布较广，其中临沧西文笔塔最为典型。该塔高 15 米，基座为八角形，主塔由 9 个圆环体叠成，四角有 7 座小形的模型塔。始建于明天启元年（1621 年），为早期傣族佛塔。

（4）高基座佛塔

这类佛塔塔身上层用几组层次较少的盒状体砌成，下层则用多边“亚”

字形折角的砌法。如西双版纳的英贴塔、景谷县勐卧佛寺双塔均属这种类型。这种类型的佛塔主要受泰国南部占婆式佛塔和缅甸巴岗式佛塔的影响。

（5）亭阁式佛塔

这种类型的佛塔有一多边形的高台基座，座台上建单层或多层的仿木结构的亭阁，塔身各层辟有窗户，塔身为四方形，四面设门。例如景洪栋塔、勐海的宰龙塔，均属此类塔型，与泰国北部13世纪所建的景某佛塔形制相似。

（6）折角多边式佛塔

这种类型的佛塔在西双版纳、临沧、德宏等地分布较广，由数层折角多边的盒状体相堆砌而成，其变化式样较多，以西双版纳勐腊的曼孟佛塔较为典型。

（7）八角形密檐式佛塔

塔身由几层须弥座体相叠而成，塔身下部有塔门式的佛龛，四周和边角有卷云状花纹，与大乘佛教得密檐式佛塔相似，西双版纳的庄慌塔就是这种塔型之典范。

（8）“塔包树”和“树包塔”

在云南普洱市景谷县的大寨官缅寺内，坐落着中国佛塔的奇观——“塔包树”和“树包塔”。这两座砖石结构的佛塔，各高10余米，上圆下方，呈葫芦形。塔包树，位于佛殿的右侧，从塔顶中间长出一棵高20米，直径1米的大榕树，而佛塔紧紧地将大榕树环抱着。树包塔位于佛殿左侧，有一棵25米高、直径1米多的大榕树，从塔顶中部长出，它的粗壮弯曲的根茎又从上下四周环绕着佛塔，紧紧地把高大的佛塔抱住，很像是从塔顶伸出的一个绿色的伞盖。塔包树和树包塔是云南傣族佛塔丛林中的奇观，并为那里的佛教艺术增添了一分神秘色彩，形成造型别致的一种独特的佛塔类型。

总之，傣族劳动人民在修寺建塔的艺术创造中，不断吸收、借鉴异国和异民族优秀的传统文化，创造出具有独特风格的佛教建筑，为后世留下了珍贵的佛教文化遗产。

（三）傣族佛塔的结构

从佛塔的立面看，傣族佛塔是由塔基、塔座、塔身和塔刹四部分组成，这种佛塔建筑结构与汉传佛塔和藏传佛塔的结构相趋同。

（1）塔基

塔基是在夯筑加固后的地面上，围砖或石铺砌出一台略高于地表的平台，其占地面积比塔座宽得多，平面形状依塔形而定，也有圆形和多角形，一般呈正方形，在方形塔基的四角，设有龙和蹲兽的雕塑像。塔基正四方砌有佛龛，塔基下往往藏有碑刻佛像、宝珠等。

（2）塔座

塔座的平面有方形、六角形、八角形、圆形等多种。一般由一层或两层须弥座构成，有的塔座还做成多角阶梯形，须弥座束腰间设有小型佛龛或各种雕刻装饰，追求塔身与塔座间的协调与吻合。

（3）塔身

塔身大多为圆形，呈葫芦状，一般为砖石实心结构，外面敷以石灰，有的还用植物胶砂浆涂料，使塔身坚固厚实；有的在佛龛处绘画贴金，还留有佛洞，用以安放信徒们奉献的金银、宝石和钱物等。

（4）塔刹

塔刹带有极为浓厚的装饰意义，是最具魅力的一部分。多数佛塔塔刹是由莲座、相轮、华盖、宝瓶及风铎等部分组成。这种结构与内地佛塔和西藏佛塔塔刹的结构基本相似。这种塔刹的刹座往往制作成喇叭状的仰莲雕塑，上面为一圆形锥体，锥体上有浮雕圆环相轮，相轮重数少则 5 环，多则 17 环不等（内地佛塔和西藏佛塔塔刹相轮一般为 13 重），再上是铁制刹杆上的饰物，有金属制成的华盖，华盖上端常饰有火焰或宝瓶式小塔之类的装饰，还有风铎。塔刹均为铜质，其面镀金或贴以金箔，在阳光照耀下，熠熠生辉。塔刹的高度约占全塔的 1/3，是佛塔艺术处理上的顶峰，塔刹的最顶端是塔针。显然，傣族佛塔塔刹在整座佛塔中所占比例很大。

（四）傣族佛塔的布局

傣族佛塔的组合有单塔、双塔和群塔之分。有的是塔随寺建，有的是寺随塔建，有的孤塔独傲，有的则群塔林立。无论是寺随塔建，还是塔随寺建，都是为了满足人们敬塔礼佛的愿望。单塔往往建在村镇附近的山冈或较高地带，分布广，数量多，建造形式灵活。双塔和群塔则分布点少，数量不多。西双版纳州的勐海遮曼谷双塔就是这种布局的典型代表。当地人称之为“姊妹塔”，据说大塔代表傣族姐姐，小塔代表布朗族妹妹，象征傣族与布朗族亲如姐妹般的友谊。这里所说的群塔布局形式，就是指金刚宝座式塔座上的佛塔。

（五）傣族佛塔的特色

傣族佛塔的建筑艺术造型是在吸收泰国、缅甸，以及国内各民族优秀传统建筑艺术的基础上创造的，具有本民族特点的，丰富多彩的佛塔艺术。

从佛塔的建筑艺术来看，形成了多视角、多层面、多式样，以及极富动态感的艺术风格；从装饰艺术的角度来看，它曾经历了由古朴典雅到繁复华丽的发展时期。早期佛塔的装饰图案简洁朴实，塔身装饰比较素雅，晚期佛塔装饰出现了雕刻图案，彩绘及陶塑饰物增多。佛塔装饰图像中，常见的有各种花卉、大象、孔雀、鸳鸯，以及麒麟、龙狮等形象，具有鲜明的地方民族特色。

傣族佛塔既有尊神礼佛的功能，又有装饰各种建筑设施的作用。例如井塔就是典型的例证，把水井的围栏砌成塔的基座，在座台上建若干座小型佛塔和佛龛，集尊佛、装饰、实用为一体，形成西双版纳州所独有的人文景观，同时还有祭祀谷神祈求丰收的作用。

傣族还有将佛塔作为装饰品戴在头上的习俗，历史上傣族王宫宠妃的冠戴之上有一座精美的银制小型佛塔，以显示地位之高贵、服饰之庄重、信仰之虔诚，亦是一种身份的象征。

傣族佛塔既是古老的传统建筑艺术，又与傣族人民的文化和生活紧密相连，每逢傣族人民的传统节日，人们都喜欢围在佛塔旁翩翩起舞，相互祝福，显现出傣族地区特有的民情风貌。

围绕佛塔还引出许多美丽动人的传说。譬如西双版纳就有这样的传说：佛祖释迦牟尼涅槃 1000 年时，世上降生了一个叫帕雅苏克的人，他一生辛勤操劳，忙于建寺立塔，在世间建了 84000 座佛寺和 84000 座佛塔，西双版纳州境内的第一座佛寺和佛塔就是帕雅苏克亲自动手修建的。这虽然是民间传说，但由此可见当时佛塔建筑艺术在边疆少数民族地区空前发展的盛况，并可推断古印度阿育王造塔 84000 座的功德事迹对傣族人的建塔思想产生了深刻的影响。

（六）傣族佛塔的意义

傣族佛塔的意义从本质上与大乘佛塔没有大的区别，人们普遍认为佛塔是佛教徒崇拜佛陀的一种神圣不可侵犯的纪念性建筑物。把佛塔看作佛陀的化身，建塔时在塔心置一金板或银板，上刻建塔年月和经咒，同时也把一些金、银、琉璃、金属、货币等珍藏于塔内。认为佛塔与人一样，是骨肉之躯，其心必有金，建塔是为自己造福。在这种心智模式的驱动下，凡传说中佛陀到过的地方皆建佛塔，西双版纳的庄莫塔、庄董塔和邦友塔就属这种类型。在佛陀留下印迹的地方建塔，如曼飞龙白塔，就是因塔下的一块岩石上有一人足印迹，传说是佛祖释迦牟尼留下的足印而在此建塔；另一种则选择山清水秀、风光旖旎的地方建塔。这些都是对佛陀的尊仰，其意义也就不言自明了。傣族信教徒建塔的本意，就是为了恭迎佛法，供奉佛陀的遗物，比如佛牙、佛发、佛像、佛经等，直至后期才出现和尚墓塔。综观傣族佛塔，给人明显的感受就是属宝塔型的佛塔多，而属舍利和墓塔型的少，这是与内地佛塔和西藏佛塔在内涵及意义上的又一大区别。

三、佛祖说法布教典故

（一）鹿苑传教

释迦牟尼佛自从菩提树下得道以后，观察到他以前的五名随从的善根已经成熟了，可以得度。首先就到波罗奈国的鹿野苑去度化他们。可是憍陈如等五人，他们听到悉达多太子已经得道成佛，不久要到鹿野苑来说法，就互相约定，如果佛来，我们大家都一起回避起来，不去理睬他，也不去见他，也不听他说法。由于佛的福德庄严，来到鹿野苑时，这五人不约而同地统统跑了出来，恭恭敬敬地来迎接，或为敷坐，或执衣钵。对佛礼拜，诚诚心心恭敬地听佛开导。佛在鹿野苑住了三个月，为他们三转四谛法轮，讲授苦集灭道四谛法门，憍陈如尊者闻法之后，最初得到解悟，知苦断集，慕灭修道，证得阿罗汉果，其他四位弟子阿鞞、跋提、十力迦叶、摩诃男，也先后听佛说法得阿罗汉果。佛对五人说：“善来比丘。”他们五人的头发和胡须都自然而然地落了下来，成为佛最初得度的五比丘。是世间有比丘的开始。到此世间三宝皆已具足，佛宝即是释迦牟尼佛，法宝是四圣谛法，僧宝就是最初被度的五比丘。

鹿野苑原是在波罗奈国一个古代帝王养鹿的地方，后来成为释迦牟尼成佛后首次传教的地方，原始佛教的最初僧团也在此成立。传说在很久很久以前，有个国王喜欢猎鹿，于是鹿王令众鹿抽签，每天都要有一头鹿把自己献出去给国王射杀，以此保护其他的鹿群。这样，国王每天射到一头鹿，便心满意足地回宫。有一天，他正想弯弓搭箭时，忽然看到那姗姗来迟的公鹿气度高华，两眼含泪，非同一般。国王很惊讶，不由收起了弓箭向那头鹿仔细打量。而那头鹿在这时忽然口吐人言，原来，他是鹿王，因为今天轮到一头母鹿要被国王射杀，而那头母鹿怀了孕。鹿王不忍心一尸两命，让鹿群的数量加倍递减，但是重新抽签对其他的鹿又不公平，于是就决定由自己来代替那头母鹿献给国王。国王听了十分感动，从此下令这一带永不许猎鹿。

（二）佛陀说法

鹿苑传教之后，释迦牟尼一直在印度北部、中部恒河流域一带传教，广收弟子，建立僧团。

释迦牟尼组建僧团后，常端坐千叶莲花台上，向僧众弟子讲经说法。他所说之法，有佛教的“三皈五戒”。所谓三皈，即皈依佛、皈依法、皈依僧，佛、法、僧为佛门三宝。所谓五戒，即戒杀生、戒偷盗、戒淫邪、戒妄言、戒饮酒食肉。

释迦牟尼宣讲之法，主要有“四谛”“八正道”“十二因缘”。其大概意思是说，世间存在的一切，都是种种痛苦的现象，即所谓“苦海无边”；造成痛苦的原因是爱欲和贪欲，若想脱离痛苦，必须根除欲望，遵循佛门的正确途径，证入常乐我净的涅槃境界。

另外，释迦牟尼还主张种姓平等，他说：“不应问生处，宜问其所行，微木能生火，卑贱生贤达。”

（三）采花献佛

释迦牟尼在印度北部游历传教，一日于林中树下静坐，头上光环巍巍无量，如日月之光，辉映四方。

村中有一贫穷少女，为大家作佣人，她善良贤淑，敬信三宝。当时遥见佛祖，心怀喜悦，苦于无力，不克供养，即去荒野采集香花鲜果，供献佛陀。

释迦牟尼知道她的心意，面露微笑，发大慈悲心，对她说法，并道：“一切众生，皆当随时随处出至诚心，广植善因。勿以贫贱为尤，勿轻视小的施舍，以为无福。”

少女闻法后，心解佛慧，矢志随佛以离尘也诸浊苦，勤苦修身以求解脱。释迦牟尼度她出家，号为妙花。

（四）竹林精舍

摩揭陀国的首都王舍城，以繁华富丽驰名全印，据说有 32 个大门和 64 个小门，规模宏大。当时佛陀还过着云水僧生活，随托钵所到之处，就在清静树林中禅坐。佛教的拥护者频婆娑罗王，了解众僧虽然过惯了云水生活，但也应该有个适合的住处，以利弘化事业的推展，因此便在王舍城北面郊外寻得一处竹林遍布的园林，叫作迦兰陀竹园，是为迦兰陀长者所有。在这个竹园中建立了一座精舍，内有 16 大院，每院 60 房，更有 500 楼阁、72 讲堂，供养佛陀及弟子们，所以叫作竹林精舍，或竹园精舍，是为佛教史上的第一座精舍。佛陀曾在此过了六次的结夏安居。

佛陀在竹林精舍安居的初期，有舍利弗与目犍连来皈依，成为座下高足，追随佛陀弘扬佛法。他们原本都是六师外道之一的删阇耶的弟子，无意间听到五比丘中的阿说示诵偈："诸法因缘生，诸法因缘灭，我佛大沙门，常作如是说。"知道有佛陀在世，随即到竹林精舍，听闻佛陀说法后，就带领弟子250人同来皈依佛陀。这件事不但成为佛陀时代的一桩美谈，更传诵至今。

除了供养护持佛陀与僧团之外，频婆娑罗王还经常到精舍请示佛法。如在《方广大庄严经》卷十二中记载，佛陀对国王宣说五蕴虚妄、三界不实，与一切无常的道理；频婆娑罗王当下证得法眼净，欣然请佛传授五戒。朝中的文武百官以及一般老百姓也都争相来皈依佛陀，求受五戒。

此外，如《持世经》《佛说光明童子因缘经》《佛说转有经》《佛说般舟三昧经》《持人菩萨经》《私呵昧经》《佛说大方等修多罗王经》等，都是佛陀在竹林精舍时所说。

在印度苦行林修行的沙门，平常多半散居于各处，一到雨季，他们就得各自寻找安居场所；等到雨季过了，大家又回到树林去。当佛陀的教团越来越庞大后，就有必要为上千弟子找个安身办道之处，因此竹林精舍的辟建，实在是佛教僧团发展过程中的一大盛事。

（五）版纳甜笋

在西双版纳众多类型的竹子中，有一种名叫西双版纳甜竹，它的竹笋含有较高的糖分，又嫩又甜，故得名。甜笋是傣家人餐桌上的美味佳肴。其在生长过程中，不需人工浇灌，不要施用化肥、农药，是纯天然、无污染的绿色食品，很受当地老百姓的欢迎。

据说，世上本没有甜笋，只有苦笋。一次，佛祖释迦牟尼来到西双版纳，在一个长着许多苦竹笋的村寨讲经传教。他讲完经后，回答众生提出的心中的疑惑。人们听完佛祖的解答以后，喜笑颜开地离去，只有一个不谙世事的女孩仍然站在佛祖讲经的地方不动。她手中捏着一只剥掉笋箨的苦笋，睁大双眼望着释迦牟尼。佛祖笑着问她有什么事要询问，女孩举起手中的苦笋说："我们这里的竹笋怎么净是苦的，连一根甜的也找不到呀？"佛祖知道女孩想吃甜笋，便施法让一片荒坡长出几蓬甜竹来。他指着甜竹对女孩说："快去那里挖笋把，那里的竹笋像糖一样甜呢！"从此以后，世间才有了甜笋。

（六）佛化无恼

在舍卫国中，一辅相家有一子，名叫无恼。他长得健壮有力，雄武彪悍，能抵抗千人，他的父亲就让他跟随一个婆罗门修学道术。

他的师父教导他说："你要在七天之内，杀死一千个人，每杀一人就取一指，作为头饰。这样梵天就会来迎接你，使你生入天界之中。"无恼受了师父的这番教诲之后，就持一把刀到外面去行走，看见有人就杀，人们给他起个外号叫鸯掘魔罗。

他四处走动，见人就杀，到了第七天早晨，共杀了九百九十九人，得到了九百九十九根手指，只差一个。因为人们都知道他在到处杀人，所以全都藏了起来，没有敢在外面行走的。无恼到处找人来杀，但是却一无所获。

这天中午，无恼的母亲来给他送饭，他远远地见母亲来了，便要杀了母亲，凑够千数。母亲说："你怎么能这样不逆，连我也要加害吗？"无恼说："我受师父教诲，要在七日之内杀千人，得千指，然后可生梵天。今天日期已到，还差一人，所以只好杀你凑数。"这时佛祖变成一个和尚模样，从他们附近经过，无恼见了，舍弃了母亲便赶快去追。

佛祖看无恼追来，故意放慢脚步，可是无恼无论怎么用力去追，都无法追上。无恼只好在后面喊道，"小和尚你停一停。"佛祖也远远地回答："我常常停下来，但是你却不肯停。"无恼问是什么意思，佛祖说："我六根清净，自在无为。而你却跟随邪恶的师父，受了邪恶的教诲，使得自己心志迷乱，昼夜杀人，造无边罪过。"无恼听了这话，心意方才醒悟，便投佛出了家。

（七）度化猎人

摩揭陀国王舍城外山峦起伏，林木茂盛，极多飞禽走兽，于是许多人操弓持弩，大肆猎杀禽兽。

释迦牟尼心中，众生平等，人类畜生，本无差别。某日见一猎人射猎飞雁，一雁中矢，哀鸣坠地。佛祖心中慈悲，化作俗人，抱护伤雁劝告猎人道："大雁生长川泽湖泊之间，与人无争，有什么罪恶，要受到你诛戮呢？要知道，人若杀生害命以自济活，乃是罪孽深重的业障，若不自拔，报应将如影随形，就在目前。"

猎人听了佛祖之言，感悟悔过，忙取药给雁治伤包扎，并放之于山林。佛祖又点化他道："慈悲为本不伤众生，博爱济众福常随身。"猎人即皈依了佛陀，愿受佛门五戒，以脱苦厄。

（八）点化波摩

印度摩罗拘陀国有位妇女名叫波摩，她丈夫虽非常富有，但仍男耕女织，感情甚笃。每逢丈夫在田间忙碌时，波摩忙完家务，总要到田里去帮助他。他们还有两个天真可爱的孩子，家庭生活幸福美满。

但是，人世间的幸福不会是长久的，波摩哪里知道，当她喂完幼儿，把他放在树下的时候，灾难已开始降临到她身上。

有一天，丈夫去地里后，波摩在海边的树下给小儿子喂乳，大儿子在海滩上嬉戏。她轻拍小儿子，幸福充满她的心田。正在田地收割庄稼的丈夫，被窜出的一条毒蛇咬了一口，很快就毒发身亡。一只凶猛的兀鹫，忽然从天而降，叼起树下的幼儿，霎时便无影无踪。大海掀起了汹涌的浪涛，卷起了正在海滩的大儿子……

短短的一天之内，波摩便失去了丈夫和两个娇儿。她悲痛欲绝，望着正在焚烧丈夫遗体的火焰，深感世间之苦。家破人亡的波摩皈依了佛陀，虔诚地祈求解脱。在佛陀的点化下，她潜心修行，勇猛精进，后来成为有名的佛门女弟子。

（九）点化比丘

佛陀时代，一位沙门在山中修苦行，一天，忽然看见山间到处散布着金银财宝，他心中暗自思忖："我在这山里苦修了七年，每天风餐露宿、衣不蔽寒，但是到现在依旧没有见到自己的本来面目，今生成道看来是不可能了。既然如此，不如先运用这笔意外之财，修建一个可遮风避雨的落脚处，再作打算吧！"于是将这些宝物藏了起来。

佛陀观察到此比丘是可度之人，只是一时迷失而造此罪业，于是将自己变为一穿金戴银、浓妆艳抹的比丘尼出现在沙门面前，正当比丘尼向沙门问讯之际，沙门对着这位打扮得花枝招展的比丘尼痛声斥诃："既已出家，为什么还要用世俗的装饰品来装点色身？这不是颠倒吗？"比丘尼立即反驳说："是啊！既已出家，就该好好地持戒修慧，为什么还要贪着非分之财？这不也是颠倒吗？"比丘尼一说完话，就现出佛的三十二相，光明遍照三千大千世界。

沙门此时才了解原来自己是如此的愚痴，于是至诚向佛顶礼忏悔，乞求佛陀开示。佛陀借着这个因缘，告诉比丘六妙门的观法，比丘依此法门修行，不久就证得了阿罗汉果。

这个故事告诉我们：我们的心之所以有诸多的烦恼，乃是贪执外在的种种财、色、名、食、睡。所以佛陀不断地告诉我们要放下，这些身外之物毕竟都是无常。来去之间，我们究竟得到了什么呢？唯有透过外相上的舍离，才能帮助我们去除贪执的习气。当习气渐渐减少时，也才能获得真正的解脱自在。

（十）驯服醉象

释迦牟尼还有一堂弟，叫提婆达多，也随众出家。他骄傲狠戾，妒忌佛陀，想争夺僧团领导权，分裂佛教。他诱惑摩揭陀国王子阿阇世杀害了崇奉释迦牟尼的父王频婆沙罗。后来又欲加害佛陀，但三次暗害，都不成功。

他们又假意请佛陀入城，暗中在道旁埋伏一头醉象，欲趁机踏杀。释迦牟尼带领500弟子，往城里而来。百姓恐佛被醉象伤害，站在城头请佛陀不要过去，醉象却昂头甩动长鼻，直奔佛陀，释迦牟尼毫不畏惧，迎了上去，伸开五指似雄狮怒吼，醉象伏地受法，从此驯服，不敢害人。

后来，阿阇世王觉悟，归佛忏悔。提婆达多党徒离散，众叛亲离，成为孤家寡人，无处容身，气愤而死。

（十一）灵蛇护佛

关于灵蛇护佛，即为佛祖遮风挡雨的故事，有多个版本。

一种说法是，释迦牟尼佛在菩提树下悟道时，远处游来了一条眼镜蛇，它在释迦牟尼佛身后竖立而起，展开双颊。突然雷电交加，原来它是在用庞大的身子为佛祖挡雨，直到雨停，蛇才游走。

另一种说法是，有一次佛祖在外传播佛法，由于劳累而倒在地上，于是眼镜蛇膨起它的颈部，直起身体为佛祖遮挡太阳七天，让佛祖免受风雨之苦。佛祖醒来后，看到眼镜蛇为他所做的一切，于是将他的手指放在眼镜蛇的背上，在眼镜蛇身上留下了永久的印痕——两个圆形的环斑。

还有一种说法是，佛陀成道后的第六个七天，曾在一片昏暗的狂风暴雨中，禅定修持不为所动，深受感动的蛇王那伽从湖底钻出，把它的身体盘蜷起来，供佛陀安坐。还从佛陀身后升起它巨大的蛇头至佛陀头顶，张开成五支或七支蛇头，为佛陀遮风挡雨。

四、佛教的“五树六花”

“五树六花”，即佛经中规定寺院里必须种植的五种树，六种花。五树是指菩提树、高榕、贝叶棕、槟榔和糖棕；六花是指荷花（莲花）、文殊兰、黄姜花、鸡蛋花、缅桂花和地涌金莲。这些植物因独特的形态被赋予了深厚的佛教内涵，关于它们的传说也流传了千年。

（一）“五树”

1.“五树”之菩提树

菩提树的梵语原名为“毕钵罗树”，因佛教的创始人释迦牟尼在菩提树下悟道，才得名为菩提树，“菩提”意为“觉悟”。直到今天印度教的沙陀们还经常在菩提树下思考。在印度、斯里兰卡、缅甸各地的丛林寺庙中，普遍栽植菩提树，印度则定之为国树。

2.“五树”之高榕

高榕的果子虽然较小，但结得特别多，果熟时枝头无数小果如同红色的珊瑚，引来多种鸟兽争食，热闹非凡，真是“动物的天堂”。难怪西双版纳傣族的历史长诗《厘俸》中说它是“附有神灵”。花季时往往多种花在同一株树上开放，从而形成繁花似锦、五彩缤纷、趣味横生的“空中花园”奇特景观。

3.“五树”之贝叶棕

佛教上赫赫有名的“贝叶经”也就是用贝叶棕的叶片制作而成的。有人认为贝叶棕是一种地理和民族文化的标记树。只要是热带地区，哪里有佛教，哪里就有贝叶棕。西双版纳地区的傣族人民视贝叶为自己文化发展的象征，并常常引为自豪，甚至对贝叶棕加以神化，认为只有心诚的佛爷才能种活它。

4.“五树”之槟榔

槟榔树的外貌与椰子树相似，高干挺拔，枝叶迎风，清秀可爱。槟榔的果实可食，南方一些地方人民有咀嚼槟榔的习惯，越嚼越香，醇味醉人。槟榔也是一种药材，有止泻治痢、杀虫去积等功能，别名“洗瘴丹”。

5.“五树”之糖棕

糖棕也称为砂糖椰子。人们喜欢用小刀刻画糖棕树的花序，然后花序汁就会顺着刀子流向桶里，其汁液十分甜，像砂糖一般。一个花序可以产出 4 小桶甜汁液。糖棕的羽状叶片常年油绿，巨大而稠密，犹如天然的华盖，遮挡住热带炽热的阳光；又好似一支支绿色的大绿伞，给人们一片凉爽的绿荫，可在庭院成片栽种。

（二）“六花”

1. “六花”之荷花

荷花是中国十大名花之一，也是印度的国花。荷花是圣洁的代表，更是佛教神圣净洁的象征。自北宋周敦颐在《爱莲说》中写了“出淤泥而不染，濯清涟而不妖”的名句后，荷花便成为“君子之花”。

2. “六花”之文殊兰

文殊兰被佛教寺院定为“五树六花”之一，所以广泛种植。文殊兰花叶并美，具有较高的观赏价值，既可作园林景区、校园、机关的绿地、住宅小区的草坪的点缀品，又可作庭院装饰花卉，还可作房舍周边的绿篱。

3. “六花”之黄姜花

黄姜花原产于西藏、四川、云南、贵州、广西、印度，生于山谷密林中。花色深黄、鲜艳、芳香。黄姜花的花期为 8—9 月，花开有淡淡的香味，十分迷人。成熟的黄姜花高度在 1.8 米左右。

4. “六花”之鸡蛋花

在我国西双版纳以及东南亚一些国家，鸡蛋花被佛教寺院定为“五树六花”之一而被广泛栽植，故又名“庙树”或“塔树”。其树形美观，奇形怪状，全株茎干含有乳汁。鸡蛋花在温室栽培时冬季会落叶，这是其耐寒性差的表现，但落叶后光秃的树干弯曲自然似盆景，也有很强的观赏性。

5. “六花”之缅桂花

缅桂花就是白兰花，是木兰科的落叶灌木，夏天为其花期，花香浓郁，在离树三四十米远处也可以闻到其香气。有些人甚至会买一些鲜摘下来的白兰花放于家中，使家中布满香气。如冬季温度适宜，会有花持续不断开放，只是香气不如夏花浓郁。

6. “六花”之地涌金莲

地涌金莲被佛教寺院定为“五树六花”之一，也是傣族文学作品中善良的化身和惩恶的象征。在南方如养护得法，几乎常年有花可赏。适合栽植花坛中心，也是盆栽观赏佳品。

五、傣族非物质文化遗产

（一）国家级非物质文化遗产

遗产级别	批次	遗产名称	遗产类别	申报单位
国家级（13）	第一批（7）	傣族孔雀舞	民间舞蹈	德宏州瑞丽市
		傣剧	传统戏剧	德宏州
		傣族章哈	曲艺	西双版纳州
		傣族剪纸	民间美术	德宏州潞西市
		傣族慢轮制陶技艺	传统手工技艺	西双版纳州
		傣族、纳西族手工造纸技艺	传统手工技艺	临沧市、香格里拉县
		傣族泼水节	民俗	西双版纳州
	第二批（4）	召树屯与喃木诺娜	民间文学	西双版纳州
		傣族象脚鼓舞	民间舞蹈	潞西市、西双版纳州
		傣族织锦技艺	传统手工技艺	西双版纳州
		贝叶经制作技艺	传统手工技艺	西双版纳州
	第三批（2）	傣医药（睡药疗法）	传统医药	西双版纳州、德宏州
		傣族象脚鼓制作技艺	传统手工技艺	临沧市临翔区

（二）省级非物质文化遗产

遗产级别	批次	遗产名称	遗产类别	申报单位
省级（40）	第一批（19）	傣绷文	濒危民族语言文字	临沧市耿马县
		叙事长诗《朗娥与桑洛》	民间文学	玉溪市新平县
		傣族孔雀舞	民间舞蹈	瑞丽市、普洱市孟连县
		傣族象脚鼓舞	民间舞蹈	德宏州
		傣族白象舞、马鹿舞	民间舞蹈	耿马县、孟连县
		傣族剪纸	传统美术	德宏州
		傣剧	传统戏剧	德宏州

续表

遗产级别	批次	遗产名称	遗产类别	申报单位
省级（40）	第一批（19）	傣族章哈	曲艺	西双版纳州
		傣族手工造纸技艺	传统手工技艺	临沧市、孟连县
		傣族传统制陶技艺	传统手工技艺	西双版纳州、红河县、新平县、孟连县、潞西市
		傣族泼水节	民俗	西双版纳州
		傣族人生礼俗	民俗	新平县
		傣族关门节、开门节	民俗	西双版纳州
		勐罕镇曼听傣族传统文化保护区	传统文化保护区	景洪市
		嘎洒镇大槟榔园村傣族（花腰傣）传统文化保护区	民族传统文化保护区	玉溪市新平县
		大等喊村傣族传统文化保护区	民族传统文化保护区	瑞丽市
		瑞丽市孔雀舞之乡	民族民间传统文化之乡	瑞丽市
		曼暖典傣族织锦之乡	民族民间传统文化之乡	景洪市
		葫芦丝之乡	民族民间传统文化之乡	德宏州梁河县
	第二批（13）	金平傣文	濒危民族语言文字	红河州金平县
		宣抚司礼仪乐舞	传统音乐	普洱市孟连县
		打陀螺	传统体育与游艺	普洱市景谷县
		傣族服饰	传统礼仪与节庆	新平县
		傣族壁画	传统美术	勐海县
		傣族象脚鼓舞制作技艺	传统手工技艺	临沧市临翔区
		傣族银器制作技艺	传统手工技艺	潞西市
		傣族高升制作技艺	传统手工技艺	西双版纳州
		傣族传统制陶技艺	传统手工技艺	临沧市耿马县

续表

遗产级别	批次	遗产名称	遗产类别	申报单位
省级（40）	第二批（13）	傣族医药	传统医药	西双版纳州、德宏州
		芒岛傣族传统文化保护区	民族传统文化保护区	普洱市景谷县
		勐外傣族传统文化保护区	民族传统文化保护区	普洱市孟连县
		滚乃傣族传统文化保护区	民族传统文化保护区	临沧市耿马县
	第三批（8）	史诗《神蜘蛛》	民间文学	保山市昌宁县
		傣族民歌	传统音乐	红河州金平县
		玎三赛弹奏	传统音乐	瑞丽市
		光邦鼓舞	传统舞蹈	德宏州盈江县
		傣族传统武术	传统体育、游艺与杂技	景洪市
		民族乐器制作技艺（马腿琴、大鼓）	传统技艺	景洪市、保山市龙陵县
		花街节	民俗	新平县
		曼旦村傣族传统文化保护区	民族传统文化保护区	勐腊县

六、50 条经典佛教人生哲理

1. 人之所以痛苦，在于追求错误的东西。

2. 与其说是别人让你痛苦，不如说自己的修养不够。

3. 如果你不给自己烦恼，别人也永远不可能给你烦恼。因为你自己的内心，你放不下。

4. 好好地管教你自己，不要管别人。

5. 不宽恕众生，不原谅众生，是苦了你自己。

6. 别说别人可怜，自己更可怜，自己修行又如何？自己又懂得人生多少？

7. 学佛是对自己的良心交代，不是做给别人看的。

8. 福报不够的人，就会常常听到是非；福报够的人，从来就没听到过是非。

9. 修行是点滴的工夫。

10. 在顺境中修行，永远不能成佛。

11. 你永远要感谢给你逆境的众生。

12. 你随时要认命，因为你是人。

13. 你永远要宽恕众生，不论他有多坏，甚至他伤害过你，你一定要放下，才能得到真正的快乐。

14. 这个世界本来就是痛苦的，没有例外的。

15. 当你快乐时，你要想，这快乐不是永恒的。当你痛苦时，你要想，这痛苦也不是永恒的。

16. 认识自己，降伏自己，改变自己，才能改变别人。

17. 今日的执着，会造成明日的后悔。

18. 你可以拥有爱，但不要执着，因为分离是必然的。

19. 不要浪费你的生命在你一定会后悔的地方。

20. 你什么时候放下，什么时候就没有烦恼。

21. 内心没有分别心，就是真正的苦行。

22. 学佛第一个观念，永远不去看众生的过错。你看众生的过错，你永远污染你自己，你根本不可能修行。

23. 你每天若看见众生的过失和是非，你就要赶快去忏悔，这就是修行。

24. 业障深重的人，一天到晚都在看别人的过失与缺点，真正修行的人，从不会去看别人的过失与缺点。

25. 每一种创伤，都是一种成熟。

26. 当你知道迷惑时，并不可怜，当你不知道迷惑时，才是最可怜的。

27. 狂妄的人有救，自卑的人没有救。

28. 你不要一直不满人家，你应该一直检讨自己才对。不满人家，是苦了你自己。

29. 一切恶法，本是虚妄的，你不要太自卑你自己。一切善法，也是虚妄的，你也不要太狂妄你自己。

30. 当你烦恼的时候，你就要告诉你自己，这一切都是假的，你烦恼什么？

31. 当你未学佛的时候，你看什么都不顺。当你学佛以后，你要看什么都很顺。

32. 你要包容那些意见跟你不同的人，这样日子比较好过。你要是一直想改变他，你会很痛苦。你要学学怎样忍受他才是，你要学学怎样包容他才是。

33. 承认自己的伟大，就是认同自己的愚疑。

34. 修行就是修正自己错误的观念。

35. 医生难医命终之人，佛陀难度无缘的众生。

36. 一个人如果不能从内心去原谅别人，那他就永远不会心安理得。

37. 心中装满着自己的看法与想法的人，永远听不见别人的心声。

38. 毁灭人只要一句话，培植一个人却要千句话，请你多口下留情。

39. 当你劝告别人时，若不顾及别人的自尊心，那么再好的言语都没有用。

40. 不要在你的智慧中夹杂傲慢，不要使你的谦虚心缺乏智慧。

41. 根本不必回头去看咒骂你的人是谁，如果有一条疯狗咬你一口，难道你也要趴下去反咬它一口吗？

42. 忌妒别人，不会给自己增加任何的好处。忌妒别人，也不可能减少别人的成就。

43. 永远不要浪费你的一分一秒去想任何你不喜欢的人。

44. 多少人要离开这个世间时，都会说出同一句话，这世界真是无奈与凄凉啊！

45. 恋爱不是慈善事业，不能随便施舍的。感情是没有公式，没有原则，没有道理可循的。可是人们至死都还在执着与追求。

46. 请你用慈悲心和温和的态度，把你的不满与委屈说出来，别人就容易接受。

47. 创造机会的人是勇者，等待机会的人是愚者。

48. 能说不能行，不是真智慧。

49. 多用心去倾听别人怎么说，不要急着表达你自己的看法。

50. 同样的瓶子，你为什么要装毒药呢？同样的心，你为什么要充满着烦恼呢？

七、参考文献与资料来源

［1］索南才让，贺涛．傣族佛塔漫谈［J］．今日民族，2008（6）：37–43.

［2］郝云华，贺天增．德宏傣族佛教建筑之佛塔艺术［J］. 民族艺术研究，2011（5）：101–108.

［3］贺圣达．关于南传上座部佛教文化圈的几个问题［J］．思想战线，1994（2）：77–84.

［4］宋立道．南传佛教的义理和特色［J］．中国宗教，2016（4）：64–66.

［5］玛欣德．走近南传佛教［J］．中国宗教，2016（4）：62–63.

［6］杨大禹，吴庆洲．南传上座部佛教建筑及其文化精神［J］．建筑师，2007（5）：83–90.

［7］王子云．赕塔——傣家人的千年习俗［J］．版纳，2005（3）：29–33.

［8］刘扬武．西双版纳傣族佛教建筑艺术浅谈［J］．法音，1988（10）：31.

［9］杨玠．西双版纳的佛塔［J］．云南民族学院学报（哲学社会科学版），1988（1）：55–60.

［10］罗廷振．西双版纳佛塔的类型及其源流［J］．东南文化，1994（6）：82–88.

［11］杨昌鸣．云南傣族佛塔与泰缅佛塔的比较［J］．东南亚，1992（2）：35–39.

［12］孙媛．云南德宏南传佛塔的装饰艺术［J］．现代装饰（理论），2013（6）：11–13.

［13］梁晓芬．南传佛教，中国与东南亚交流的天然纽带［J］．中国宗教，2016（4）：67–69.

［14］玛欣德．南传佛教的源流与特色［N］．中国民族报，2016–02–23（007）.

［15］中国佛教网 http：//www.ebaifo.com/fojiao–267853.html.

［16］弘善佛教网 http：//www.liaotuo.org.

［17］学佛网 http：//www.xuefo.net.

［18］无量光明佛教网 http：//www.gming.org.

［19］凤凰网佛教频道 http：//fo.ifeng.com.

［20］大公网佛教频道 http：//bodhi.takungpao.com.

［21］云南非物质文化遗产保护网 http：//www.ynich.cn.

［22］西双版纳傣族自治州政务网 http：//www.xsbn.gov.cn/index.dhtml.